L'ÉGLISE,
LA RÉPUBLIQUE
ET
LA LIBERTÉ

OUVRAGES DU MÊME AUTEUR :

La Mêlée Sociale (Bibliothèque-Charpentier).

Le Grand Pan   id

Les plus Forts   id

Au Fil des Jours   id

Le Voile du bonheur, *pièce en un acte* (Bibliothèque-Charpentier).

Au pied du Sinaï (Floury, éditeur).

L'Iniquité   (P. V. Stock, éditeur).

Vers la Réparation   id

Contre la Justice   id

Des Juges   id

Justice Militaire   id

Injustice Militaire   id

SOUS PRESSE :

LA HONTE

GEORGES CLEMENCEAU

L'ÉGLISE,
LA RÉPUBLIQUE
ET LA
LIBERTÉ

PARIS.— Ier Arr^t

P.-V. STOCK, ÉDITEUR

(Ancienne Librairie TRESSE & STOCK)

27, RUE DE RICHELIEU

1903

Il a été tiré à part huit exemplaires sur papier de hollande, numérotés et paraphés par l'éditeur.

DISCOURS

Prononcé au Sénat

Par M. G. CLEMENCEAU

LE 30 OCTOBRE 1902

M. Clemenceau. — Messieurs, je n'apporte pas le secours de ma parole à M. le président du conseil. Il n'en a pas besoin. Tout à l'heure, par mon vote je prendrai place dans les rangs de cette majorité républicaine qui oppose l'esprit de la Révolution française, exprimé dans la Déclaration des Droits de l'homme, à la contre-révolution de l'Église romaine dont la formule est le *Syllabus* (*Très bien ! et applaudissements à gauche. — Murmures à droite.*)

M. Méric. — La question est bien posée.

M. Clemenceau. — Je demande au Sénat la permission de ne pas discuter si M. Waldeck-Rousseau est plus ou moins impeccable et dans quelle mesure il lui a été permis d'exercer cette impeccabilité. Je ne me propose pas davantage de suivre les précédents orateurs dans la discussion juridique qu'ils ont apportée à cette tribune. Et cela pour deux raisons : la première, si je les ai bien compris, c'est qu'ils ont tous proclamé qu'il était fâcheux que M. le président du conseil n'eût pas simplement pris la mesure qu'ils lui reprochent contre une seule congrégation d'abord, pour porter ensuite la question devant les tribunaux. J'en conclus que, si M. Combes avait le droit de prendre cette mesure contre une seule congrégation, il avait le droit de la prendre contre toutes. (*Réclamations à droite.*) C'est une question politique à débattre entre lui et nous. Il y a une autre raison : c'est que la question est aujourd'hui devant les tribunaux, et que, n'étant pas jurisconsulte, je ne me sens aucune compétence pour dire aux juges quelle est l'opinion qu'ils doivent adopter.

Aussi bien les échauffourées de Bretagne — et ce n'est pas moi qui médirai des Bretons, mes chers collègues — les échauffourées de Bretagne ne sont, à bien regarder la vérité des choses, qu'un incident misérablement petit — je puis le dire sans offenser ceux de nos collègues qui y ont pris part — de la grande lutte séculaire entre l'autorité théocratique de l'Eglise romaine et la résistance des sociétés civiles pour la liberté. (*Très bien ! — Applaudissements à gauche.*)

M. l'amiral de Cuverville. — Cela n'est pas exact.

M. Méric. — C'est votre opinion.

M. l'amiral de Cuverville. — C'est une question de liberté.

M. Clemenceau. — Si vous voulez m'écouter, mon cher collègue, vous verrez que je ne fuirai pas la discussion, et c'est avec vous-même tout à l'heure, si vous voulez me le permettre, que je discuterai la question de la liberté.

Aujourd'hui, je m'en rends bien compte — en entendant notre honorable collègue républicain M. Delobeau conclure tout à l'heure aux applaudissements de la droite en faveur de la justice et de la liberté je m'en rendais très bien compte — il y a une équivoque, il y a une confusion entre nous. La raison en est bien simple : c'est que le parti de la liberté, par la volonté du suffrage universel est actuellement au pouvoir, c'est qu'il exerce l'autorité civile, c'est qu'il lui incombe ainsi d'appliquer les règles légales de la liberté, tandis que le parti de l'autorité, vaincu devant le suffrage universel, en est réduit à faire appel à la liberté qu'il a toujours condamnée. Il en est résulté dans tout le pays, aussi bien en Bretagne, autant que j'ai pu le comprendre...

M. Hervé de Saisy. — Si vous êtes le parti de la liberté, qu'est-ce donc que la tyrannie ?

M. Clemenceau. — Je vais m'expliquer tout à l'heure. Je ne redoute pas les interruptions, et je vous promets de m'expliquer avec une telle franchise que vous ne puissiez douter de mon désir de vous donner satisfaction. Je ne viens pas ici pour attaquer les personnes. Je viens simplement exposer des idées. Veuillez m'écouter, vous répondrez à mes idées par d'autres idées. Je serai très heureux de vous entendre.

Je disais que la situation politique actuelle est obscurcie par une équivoque qui trouble la plupart des esprits. En voyant les religieux, les religieuses et leurs défenseurs marcher contre les soldats de la République française au cri de « Vive la liberté ! », comment ne s'y tromperait-on pas ? On s'y est si bien trompé que nous avons été témoins d'événements sans précédents dans notre histoire : des officiers refusant l'obéissance militaire et des jugements de conseils de guerre qui semblaient leur donner raison, jugements qui ont surpris, je puis le dire, l'unanimité du pays. Oui, ils ont surpris jusqu'aux conservateurs eux-mêmes, jusqu'aux modérés.

Je vois là le signe d'une anarchie mentale redoutable. Car, dans un pays de démocratie, rien n'est vraiment dangereux, si grave qu'apparaisse la situation, si agités que paraissent les esprits, quand les questions sont posées clairement. Alors elles sont bientôt résolues par le jeu naturel des institutions, dans le sens de la justice et de la liberté.

Il faut donc que les questions soient posées clairement, il faut qu'il n'y ait pas d'équivoque, il faut qu'on sache bien où est la liberté, quels sont les amis et les ennemis de la liberté.

Il y a eu des interpellations à la Chambre des députés, il y en a au Sénat. C'est pour m'expliquer à mon tour que je suis à cette tribune.

M. le président du conseil a répondu aux interpellateurs à la Chambre ; il a répondu aux interpellateurs au Sénat. Il ne m'appartient pas de critiquer ses paroles. Il est chef du Gouvernement ; il porte courageusement de lourdes responsabilités. Il lui a paru bon de s'enfermer dans la discussion où ses interpellateurs se sont plu à le confiner.

M. Halgan. — Vous l'avez trouvé trop modéré.

M. Clemenceau. — Je suis dans une situation bien différente. Je n'ai aucune responsabilité, je n'ai reçu de mandat d'aucun de mes collègues, je parle en mon nom personnel, et l'heure me paraît venue d'élargir la discussion pour rechercher qui nous sommes, qui vous êtes, ce que nous voulons, et comment nous le voulons. Cela est nécessaire.

M. le président du conseil n'a pu s'empêcher de prononcer à la tribune de la Chambre une phrase que je soumets à votre attention. Il a dit :

« Les fauteurs d'agitation se sont rendu compte que nos premiers actes n'étaient qu'une sorte de prélude nécessaire à l'œuvre capitale que la démocratie attend de ses représentants. »

Qu'est-ce donc que cette œuvre capitale de la démocratie et de ses représentants ? La question n'a pas été posée. Je la pose, et, en la posant, dans la mesure de mes faibles moyens je demande la permission d'essayer de la résoudre.

J'ai dit tout à l'heure que les incidents de Bretagne étaient misérablement mesquins. Je ne parlais pas de l'idée qui se trouvait en cause. Oh ! non ! Un grand mot a été prononcé, le plus grand de tous : on a dit que la liberté de conscience était en jeu. Un vote de majorité ne peut être en ce cas une réponse suffisante. Il faut que le parti républicain se présente à la barre de la nation française, qu'il s'explique, qu'il dise s'il est pour ou contre la liberté de conscience, et c'est pour prononcer cette parole que je suis à cette tribune.

Il faut savoir qui est pour la liberté de conscience, qui est contre cette liberté. Et si nous découvrons que le parti républicain doit être par tradition, par définition, par nécessité, favorable au principe de la liberté de conscience, il faut qu'il ait le courage d'en accepter hardiment toutes les conséquences. (*Très bien ! très bien ! sur un grand nombre de bancs.*)

Et d'abord, qui est-ce qui pose la liberté de conscience ? L'Eglise catholique romaine, cette Eglise catholique romaine qui jouit dans ce pays d'un privilège d'Etat et qui prétend, par surcroît, jouir de la liberté qui exclut le privilège. (*Très bien ! à gauche.*)

J'avoue, messieurs, que je suis surpris d'apprendre que c'est la liberté de conscience des catholiques qui est lésée dans ce pays. J'aurais plutôt pensé que c'était la liberté de conscience des incroyants qui se trouvait opprimée. Les incroyants subventionnent le culte catholique, et c'est le culte catholique qui se plaint que son droit n'est pas respecté ! (*Rires approbatifs sur les mêmes bancs.*) Véritablement, il faut savoir qui nous sommes et ce que nous voulons. Dans chaque commune, l'Etat subventionne une chaire pour enseigner le dogme catholique et faire acte d'hostilité contre le Gouvernement. Est-ce donc aux catholiques qu'il appartient de gémir sur leur liberté perdue ?

Messieurs, vous pouvez tous ici faire appel à la liberté de conscience. Les catholiques ont le droit de faire appel au parti républicain, au nom de ses principes.

Seulement, s'ils revendiquent vraiment toute la liberté, ils devront tôt ou tard la payer de leur privilège. (*Très bien ! à gauche.*)

Messieurs, quand nous parlons ainsi et quand nous réprimons des émeutes de moines, on nous dit que nous voulons détruire la religion. L'honorable M. Aynard ne s'en est pas fait faute à la Chambre des députés, et l'honorable amiral de Cuverville l'a dit clairement tout à l'heure.

M. l'amiral de Cuverville. — Je n'ai pas parlé de cela ; je ne sais pas ce que c'est que des émeutes de moines.

M. Clemenceau. — Vous ne m'avez pas compris, mon cher collègue. C'est certainement ma faute.

M. l'amiral de Cuverville. Je vous ai trop bien compris.

M. Clemenceau. — Non. J'ai dit qu'on nous accusait, quand nous parlions ainsi et que nous réprimions des émeutes de moines, de vouloir détruire la religion, et que c'était l'accusation que vous aviez portée contre nous tout à l'heure.

M. l'amiral de Cuverville. — Non ! je n'ai pas porté cette accusation.

M. Clemenceau. — Le *Journal officiel* pourra témoigner que vous nous avez accusés de persécuter la religion. Or, quand on persécute la religion, c'est apparemment avec l'intention de la diminuer, sinon de la détruire.

Je veux rassurer votre foi religieuse. Les gouvernements ne peuvent rien sur les croyances. On a vu des religions naître, on a vu des religions mourir, mais on n'a pas vu des religions mourir sous l'action hostile des gouvernements.

M. l'amiral de Cuverville. — Vous avez parfaitement raison.

M. Clemenceau. — Les gouvernements ne peuvent

rien autre pour les religions, que de leur donner une vitalité nouvelle en les persécutant.

M. l'amiral de Cuverville. — Absolument.

M. Clemenceau. — Laissez-moi parler, je vous en prie. Je vous ai écouté avec la plus grande attention, sans vous interrompre une seule fois.

Je dis que les gouvernements ne peuvent rien autre chose pour une croyance religieuse que de lui donner un nouveau ressort de vie en la persécutant.

M. l'amiral de Cuverville. — Nous sommes d'accord.

M. Clemenceau. — Alors, ce n'est pas la peine de m'interrompre. (*Rires à gauche.*) Je ne veux me livrer ici qu'à une discussion d'idées. Vous me rendriez le plus grand service en m'interrompant le moins possible, et seulement quand vous aurez une idée à m'opposer.

M. le président. — Non, on ne doit vous l'opposer qu'après votre discours.

M. Clemenceau. — A la question de savoir si nous voulons ou non détruire la religion, je ferai, messieurs, cette réponse très nette qui sera le point de départ de toute ma discussion : Nous ne voulons pas, nous ne pouvons pas — et je m'en félicite — détruire une seule croyance dans une seule conscience ; mais nous voulons et nous pouvons détruire tout ce qui est de la politique romaine, tout ce qui est du gouvernement romain. (*Très bien ! — Applaudissements à gauche.*) Car il y a, dans l'Eglise romaine, deux choses qu'il faut distinguer et qui font toute l'équivoque de ce débat : la religion et le gouvernement ; il y a une religion catholique romaine, il y a une politique romaine, il y a un gouvernement romain.

La vérité — le catholicisme n'est pas né d'hier, il a une longue histoire, et cette histoire parle clairement à l'appui de ce que je viens de dire — la vérité, dis-je, c'est que le catholicisme romain est une théocratie, comme le veut d'ailleurs la logique de la doctrine reli-

gieuse elle-même. C'était bien, n'est-ce pas ? le grand
moine de Cluny, le terrible Hildebrand — Grégoire VII
— qui disait : « Si l'Eglise a reçu du Saint-Esprit le don
de juger au spirituel, elle a, *à fortiori*, le droit de juger
au temporel. » Et véritablement, je serais bien embar-
rassé moi-même de le contredire, car toute la question
est seulement de savoir si l'Eglise a reçu le mandat de
juger au spirituel ! (*Rires approbatifs à gauche.*)

M. de Mun, dans un discours célèbre opposait à la
déclaration des Droits de l'homme les droits de Dieu.
S'il avait plu à la Providence de faire valoir ses droits
elle-même, que de conflits nous auraient été épargnés !
(*Nouveaux rires sur les mêmes bancs.*) Mais il n'en a pas
été ainsi. Les droits de Dieu sont représentés sur la
terre par une corporation d'hommes dont je ne nierai ni
le dévouement ni le zèle, vertus qui sont d'ailleurs
l'honneur de la nature humaine et dont il ne m'appartient de dépouiller personne, mais d'hommes qui joignent
aux vertus humaines les faiblesses humaines, et qui, se
trouvant détenteurs de la vérité absolue, qu'ils opposent
aux vérités changeantes de notre infirmité, tendent
naturellement à insinuer leur corporation dans l'Etat, à
se substituer tôt ou tard à l'Etat lui-même, comme il
appartient aux maîtres de la vérité éternelle.

Ce pouvoir politique de Rome, il n'est pas nouveau :
il remonte aux premiers temps de l'Eglise, il remonte
aux jours où l'évêque de Rome, pour succéder au pres-
tige de l'empire païen des Césars, pour s'installer dans
le cadre de la conquête romaine, a prétendu établir sa
juridiction sur toute la chrétienté. Le pape, ce jour-là,
est devenu César et, quand il a rencontré devant lui un
autre César, le successeur de Charlemagne, quand il a
vu se dresser devant lui un empire civil pour lui disputer
la préséance, alors une guerre s'est allumée qui emplit
tout le Moyen Age. Oh ! cette guerre, je ne m'attarderai
pas à vous la raconter, vous la connaissez tous. Vous

savez dans quelles conditions Hildebrand, devenu Grégoire VII, a mené la guerre contre Henri IV d'Allemagne, le successeur de Charlemagne. Vous trouverez, par la suite, tous les grands papes de l'histoire en lutte contre les rois de France pour la suprématie temporelle. Vous verrez Innocent III contre Philippe-Auguste. Le massacre des Albigeois fut le seul point sur lequel la royauté et l'Eglise réussirent à s'accorder. Vous trouverez Boniface VIII contre Philippe le Bel ; vous trouverez Jules II contre Louis XII ; vous arriverez à Henri IV de France, qu'en 1585 le pape déclare inhabile à succéder à la couronne, et qui doit se soumettre, passer sous les fourches caudines de l'Eglise pour régner. Il s'en tire en disant : « Paris vaut bien une messe ! » parole qui a été admirée et qui n'est rien qu'une formule cynique de soumission. (*Très bien ! très bien ! à gauche.*)

Et voici maintenant le Grand-Roi, le maître de la terre ; Louis XIV, le Roi-Soleil, lui aussi entreprend la lutte contre la papauté. Ah ! c'est un intéressant prédécesseur de M. Combes. (*Hilarité.*)

Ce ne sont pas les pouvoirs qui lui manquent ! Il n'est pas arrêté par un Parlement comme le nôtre, il n'a pas de compte à rendre aux Lamarzelle — je le dis, mon cher collègue, pour vous honorer — de ce temps-là. Mais, après une courte lutte, il est déplorablement vaincu. Je veux vous lire un des articles, le premier, le seul — je ne voudrais pas abuser des citations — de la déclaration de 1682, que le clergé, aujourd'hui encore, se refuse à professer...

M. Maxime Lecomte. — Il y est obligé.

M. Clemenceau. — .... à signer, ainsi que le Concordat lui en impose l'obligation. Ce premier article est ainsi conçu :

« Que saint Pierre et ses successeurs et l'Eglise elle-même n'ont reçu de puissance de Dieu que sur les choses spirituelles et non sur les choses politiques (*civilium*), le Seigneur ayant dit : « Mon royaume n'est pas de ce monde », que, par conséquent, les rois et les princes ne peuvent être déposés directement ou indirectement, ni leurs sujets déliés du serment de fidélité par l'autorité des chefs de l'Eglise, et que cette doctrine doit être inviolablement suivie comme conforme à la parole de Dieu, à la tradition des pères et aux exemples des saints. »

Voilà la doctrine qu'aujourd'hui encore le clergé de France se refuse à admettre, à contresigner. Il ne consent pas à reconnaître la suprématie du pouvoir civil en France, sur le pouvoir spirituel romain.

Il n'est pas douteux que Louis XIV engageait la lutte dans les meilleures conditions de succès. Je ne veux pas en décrire les phases, je vous donnerai seulement connaissance du document qui en montre la fin :

« 14 septembre 1693. Lettre de Louis XIV à Innocent XII :

« Comme je cherche à faire connaître à Votre Béatitude mon respect filial par les plus fortes preuves que j'en puis donner, je suis bien aise aussi de faire savoir à Votre Saintété que j'ai donné les ordres nécessaires pour que les choses contenues dans mon édit du 16 mars 1682, touchant la déclaration faite par le clergé de France, à quoi les conjonctures passées m'avaient obligé, ne soient pas observées. »

Vous le voyez, le grand roi, après une longue lutte, se rend à merci.

Et Napoléon ? Vous connaissez l'histoire, elle est d'hier. Napoléon a employé, vis-à-vis du pape Pie VII, des procédures administratives, comme dit notre collègue M. de Lamarzelle, que la République répudie et qu'elle n'oserait pas employer vis-à-vis du dernier desservant de la dernière paroisse. (*Assentiment à gauche.*)

Voilà notre situation : et aujourd'hui, lorsque nous examinons cette suite historique d'actes, d'où découlent la tradition de l'Eglise et du pouvoir civil au regard l'un de l'autre, nous trouvons en dernier lieu la tentative de concordat de 1817, de ce concordat qui n'est jamais devenu une loi de l'Etat, mais qui, comme vous le savez, avait été signé par le roi Louis XVIII. Dans le concordat de 1817, Louis XVIII s'obligeait « à faire disparaître tous les obstacles qui s'opposent à l'exécution des lois de l'Eglise en France ». C'était la conquête pure et simple. C'est, encore aujourd'hui, la prétention de l'Eglise. Et c'est pourquoi dans cette lutte que nous soutenons aujourd'hui, nous revendiquons contre Rome d'abord, notre autonomie, le droit de nous appartenir.

Je suis remonté bien haut dans l'histoire, jusqu'à Hildebrand. Mais qu'y a-t-il de changé depuis ? Est-ce qu'un pape politique, comme Léon XIII, a rien retranché du *Syllabus* de Pie IX ? Est-ce qu'il est libre d'en retrancher quelque chose ? Et que dit ce *Syllabus ?* Ah ! il faut le savoir. Je pourrais vous en infliger de longues citations. Je m'en garderai, mais cependant il est bon de lire un paragraphe de la fameuse encyclique *Quanta cura* de 1864, qui s'explique avec une clarté admirable sur la liberté de conscience et des cultes, qui vous est si chère aujourd'hui, mon cher collègue, monsieur de Cuverville. Voyons ce que dit le pape, et si vous déniez son autorité, si vous protestez contre sa maxime, je serai très heureux d'enregistrer vos protestations.

« Contrairement à la doctrine de l'Ecriture, de l'Eglise et des saints pères, certains hommes ne craignent pas d'affirmer que le meilleur gouvernement est celui où l'on ne reconnaît pas au pouvoir l'obligation de réprimer, par la sanction des peines, les violateurs de la religion catholique, si ce n'est lorsque la tranquillité publique le demande. En conséquence de cette idée absolument fausse du gouvernement social, ils n'hésiteront pas à favoriser cette opinion erronée que notre prédécesseur d'heureuse mémoire, Grégoire XVI, appelait un délire, savoir, que la liberté de conscience et des cultes est un droit propre à chaque homme, qui doit être proclamé et assuré dans tout État bien constitué et que les citoyens ont le droit à la pleine liberté de manifester hautement et publiquement leurs opinions quelles qu'elles soient par la parole, par l'impression ou autrement sans que l'autorité ecclésiastique ou civile puisse la limiter. Or, en soutenant ces affirmations téméraires, ils ne pensent pas, ils ne considèrent pas qu'ils prêchent une liberté de perdition... »

Et alors ne vous étonnez plus de l'article 15 du *Syllabus*, qui condamne en termes exprès cette proposition : il est libre à chaque homme d'embrasser ou de professer la religion qu'il aura réputée vraie d'après les lumières de sa raison. » Voilà votre doctrine de gouvernement.

M. Méric. — On n'interrompt plus !

M. Clemenceau. — Il me semble que la question commence à s'éclaircir et que la liberté des cultes, la liberté de conscience peuvent distinguer enfin dans cette Assemblée leurs véritables défenseurs et leurs véritables adversaires. Il y a quelques jours, l'honorable président du conseil rappelait à la tribune les paroles de M. de Mun disant : « Nous sommes les soldats d'une idée, et cette idée, c'est la contre-révolution par le *Syllabus*. » Vous venez de l'entendre, le *Syllabus*. Il glorifie les paroles de Grégoire XVI : la liberté de conscience et des cultes est un délire. Et, tout à l'heure, quand je disais que l'Eglise catholique était à la fois une religion et un gouvernement, personne ne m'a demandé de le prouver et on ne pouvait pas me le demander, parce qu'il me suffisait de citer l'article du *Syllabus* qui dit : « L'Eglise ne doit pas se réconcilier avec le progrès, avec le libéralisme, avec la civilisation moderne. »

Vous êtes donc un gouvernement, et c'est le malheur ; car, dès que l'on ose se mettre en opposition avec quelque organe de votre politique d'Eglise, vous criez qu'on persécute la religion.

Non, nous ne voulons persécuter personne. Et, en ce qui me concerne, le jour où votre religion serait atteinte dans sa liberté légitime, vous me trouveriez à côté de vous pour la défendre — au point de vue politique, bien entendu, car au point de vue philosophique, je ne cesserai d'user de ma liberté pour vous attaquer.

Mais ce n'est pas de religion qu'il s'agit à cette heure. Le pape est le roi des rois. Les monarques sont les préfets de sa puissance. Ils sont sous sa main. Mais ils ne se sont pas toujours soumis de bonne grâce, comme je vous l'ai montré tout à l'heure. L'Eglise alors a bien voulu composer. Elle n'a pu imposer sa règle spirituelle et la confondre avec la règle temporelle, nulle part, si ce n'est dans les Etats du pape, et je n'ai jamais entendu soutenir que les Etats du pape eussent donné au monde un modèle de gouvernement. Partout ailleurs le pape, comme chef de gouvernement, a conclu des trêves, des pragmatiques sanctions, des concordats.

J'appelle votre attention, messieurs, vous qui êtes certainement très jaloux de l'indépendance française, sur le caractère bizarre de ces traités qui font résulter la condition, le régime de citoyens français, non pas d'une loi française comme il serait bien naturel, mais d'un accord du gouvernement français avec un gouvernement étranger. Il y en a un exemple qui est commun : vous pouvez produire à votre barre le dernier curé de village et lui demander s'il reconnaît les articles organiques : il vous dira qu'il ne les reconnaît pas ; et si vous lui demandez pourquoi, il vous dira : « le pape ne les a pas approuvés ». C'est une loi française pourtant, et ce curé est Français. Comment se fait-il que ce curé français, pour obéir à une loi française, ait besoin de la permission du pape romain ? Tel est, parmi nous, le danger de ces concordats.

Mais ceci n'est qu'un côté, et un côté relativement secondaire de la question. Le point capital pour nous en ce moment est de chercher quels sont les organes de ce gouvernement romain. Vous les connaissez bien. A ce double caractère de l'Eglise romaine, religieuse par une face, politique par l'autre, répondent deux hiérarchies aboutissant toutes deux au Vatican, l'une plus religieuse, mais politique tout de même, le clergé séculier ; l'autre plus politique, plus militante, entraînant généralement le clergé séculier à sa suite, mais religieuse malgré tout ; c'est le clergé régulier, la congrégation. Cette congrégation n'est pas nouvelle dans l'Etat ; elle a une longue histoire. A la Révolution, il y avait 60,000 moines en France, il y en a 150,000 aujourd'hui. Leur vœu de pauvreté les a rendus propriétaires d'une somme qu'on évaluait dernièrement au chiffre de 1 milliard, qui est certainement inférieure à la vérité. Retirés du monde, les moines sont partout répandus dans le monde. La congrégation plonge ses racines dans tous les compartiments de l'Etat, dans toutes les familles. Et de toute sa puissance elle enserre, pour notre malheur, cette société moderne, ce progrès, ce libéralisme que le *Syllabus* a condamnés.

Oh ! messieurs, je ne nierai ni la charité, ni le dévouement dont les hommes de tout habit peuvent donner l'exemple. C'est, je l'ai dit, l'honneur de la nature humaine. Je dis seulement que les ordres monastiques exercent cette charité et ce dévouement par des moyens d'un organisme théocratique d'ancien régime, au profit d'intérêts politiques qui sont contraires à ce libéralisme, à cette civilisation moderne et à ce progrès que nous sommes résolus à faire prévaloir contre le *Syllabus*.

Et le problème, pour nous, n'est pas, comme vous

paraissez le croire, de supprimer ni la charité ni le dévouement des hommes et des femmes engagés dans la congrégation, mais de faire que leurs vertus s'exercent selon le droit commun, dans les voies ouvertes à l'activité de tous par la liberté. (*Très bien ! très bien ! à gauche.*)

Eh bien, messieurs, parlons de la liberté. Qui l'a donnée à ce pays-ci ? A qui la doit-on ? Il me semble que c'est au parti républicain.

Il n'est pas besoin d'une longue revue historique, et je n'ai garde de vous l'imposer, pour découvrir que tous les partis monarchiques ont refusé la liberté à ce pays, et qu'aucun gouvernement n'a pu vivre avec la liberté, sauf la République. (*Vifs applaudissements à gauche.*) Et sous quelle avalanche d'outrages, d'injures et de calomnies, tous les matins !

C'est nous qui avons donné la liberté de la presse, la liberté de la parole, la liberté du Parlement et la liberté d'association, ne l'oubliez pas. C'est nous qui avons donné tout ce qui fait la liberté en France. Et notre tâche est loin d'être achevée. Aucun autre Gouvernement ne peut revendiquer cet honneur. Il y a ici des hommes qui représentent tous ces Gouvernements qui se sont succédé dans le siècle passé ; qu'ils viennent à la tribune me contredire ! Personne ne le fera, personne ne pourra le faire.

Et vous croyez que lorsque nous avons un tel passé derrière nous, un passé qui nous engage, qui nous oblige, à poursuivre notre route dans la voie d'une liberté toujours plus grande, malgré certaines hésitations bien explicables, vous croyez que nous allons ainsi du jour au lendemain, revenir sur nos pas, supprimer tout ce qui fait notre force, en gardant seulement de la liberté les moyens d'attaque dont vous disposez contre nous. C'est un enfantillage.

M. Wallon. — C'est 1789 qui a donné la liberté, c'est 1793 qui l'a supprimée.

M. Clemenceau. — Mon vénérable collègue, monsieur Wallon, je vous remercie de votre interruption. Elle me sera très utile plus tard. Mais je vous demande la permission d'ajourner ma réponse.

Contre qui avons-nous conquis la liberté ? Contre vous, messieurs de la droite, contre vous, qui êtes le parti de l'autorité, qui gouvernez par l'autorité et qui n'avez jamais eu d'autres propos que de gouverner par l'autorité. Il a fallu que vous fussiez vaincus par nous pour que tous les Français pussent jouir de la liberté, (*Très bien ! et applaudissements à gauche*), non pas vous personnellement, puisque, vos amis étant au pouvoir, la liberté, pour vous, comme pour l'église romaine, n'était qu'un privilège ! (*Nouveaux applaudissements sur les mêmes bancs.*)

Il y a quelques instants, j'entendais faire d'éloquents appels à la justice. Les orateurs parlaient des abominations qu'à leur avis M. le président du conseil a commises, du peu de cas qu'il faisait des juges, et je me souvenais qu'autrefois — j'avais dix-huit ans — j'ai vu mon père partir pour l'Algérie sans jugement, messieurs de la droite, sans un interrogatoire ! (*Vifs applaudissements à gauche.*)

M. Hervé de Saisy. — C'était un attentat contre la justice, c'était abominable !

M. Clemenceau. — Je n'attendais pas moins de vous, mon honorable collègue, et j'étais sûr de votre protestation. Mais, permettez-moi de vous le dire, si vous aviez été sur ces bancs en 1858, vous n'auriez pas pu protester, et voilà ce que je dénonce ! (*Nouveaux applaudissements à gauche.*) Alors, il n'y avait pas de liberté de la presse, il n'y avait pas de liberté parlementaire, et personne ne s'est trouvé en mesure d'élever la protestation que vous faites tardivement à cette heure.

Qui est-ce qui a donné cette liberté de la presse et

cette liberté parlementaire, et contre qui gagnées ? Le parti républicain contre le parti de l'Église. Aussi, quand vous parlez de liberté, je dresse l'oreille et j'écoute, et je cherche ec qu'il peut y avoir de juste dans vos réclamations. Mais il faut admettre que, si vous avez le droit au respect de votre liberté, vous n'êtes pas le parti de la liberté, vous êtes le parti de l'autorité, de l'autorité en détresse (*Applaudissements prolongés sur les mêmes bancs*) de l'autorité vaincue, et vous faites comme Panurge qui, dans sa grande tempête, après avoir invoqué vainement tous les saints du Paradis, invoquait le diable aussi, en se disant : Peut-être viendra-t-il à mon secours ! (*Rires approbatifs à gauche.*)

Vous invoquez le diable, la liberté, la liberté que vous avez toujours condamnée, et vous avez raison parce que la liberté vous entendra, et tout à l'heure, au nom de la liberté je défendrai vos réclamations dans ce qu'elles ont de légitime.

Messieurs, ces congrégations dont je parlais tout à l'heure, elles sont arrivées, après une possession séculaire, à la veille de la Révolution française, dans quelle situation ?

Le clergé avait un revenu de 200 millions quand le budget de la France n'était que de 500 millions. L'Église avait un revenu de 200 millions, telle congrégation avait un revenu de 8 millions, et il y avait 1 million et demi de pauvres dans un royaume de 26 millions d'habitants. Elle avait accaparé le prétoire par ses tribunaux d'officialité, en disant que tout procès supposait un tort, tout tort, un péché, et que le péché relevait de l'Église.

Elle avait accaparé la mairie, qui a été reconquise sur elle par la reprise de l'état civil. Le mariage, la naissance, la mort étaient dans ses mains. En dehors d'elle il n'y avait que des naissances illégitimes.

Elle avait accaparé l'enseignemement, et les trois quarts de la France ne savaient pas lire ! (*Sourires à gauche.*) Et elle refusait l'impôt, je vous prie de vous en souvenir. Elle était le premier ordre. L'ordre du clergé était le premier dans l'Etat, au-dessus de la noblesse. La noblesse payait encore les vingtièmes, la capitation ; le clergé ne payait rien ; et Boniface VIII lui refusait même la faculté des dons gratuits.

Les congrégations enseignaient ; et comment enseignaient-elles ? Elles pratiquaient la liberté par la révocation de l'édit de Nantes. Personne ne peut ignorer ici que ce sont les moines qui l'ont imposée à Louis XIV. Elles pratiquaient la liberté d'enseignement en enlevant les enfants de cinq ans aux familles protestantes pour les convertir d'autorité. Et, en 1780, quand il s'agissait de rendre un état civil aux protestants, qui en avaient été privés pendant un siècle, le clergé s'assemblait pour dire à Louis XVI que « le trône et l'autel seraient en danger si on permettait à l'hérésie de rompre ses fers ».

Convenez que j'ai trop facilement raison de vos cris de « Vive la liberté ! »

M. Halgan. — Vous oubliez de dire que les congrégations ont fourni des professeurs à Voltaire et à bien d'autres !

M. Clemenceau. — Je le dirai tout à l'heure.

M. Maxime Lecomte. — Elles ont fait un bon élève !

M. Clemenceau. — C'est un élève dont elles ne se sont pas vantées.

Mais tout à l'heure, mon cher collègue, vous me verrez parler en faveur de la liberté de l'enseignement...

M. Halgan. — Vous me satisferez.

M. Clemenceau — .... si vous voulez seulement m'en donner le temps :

La nuit du moyen âge est terminée, l'histoire de l'ancien régime s'achève, la monarchie s'écroule et l'Eglise subit le sort de la monarchie.

Les trois États se réunissent à Versailles, nous

.sommes en mai 1789. En juin, les trois états sont de-
.venus l'Assemblée nationale. L'ordre ancien est fini, il
s'agit de créer. un ordre nouveau.

. .Dès le 8 août, avant la Déclaration des Droits dé
·l'homme, qui est de la fin d'août, un membre de la noblesse, je tiens à vous en faire honneur, messieurs,
(*l'orateur désigne la droite*) le marquis de Lacoste propose une résolution disant que les ordres monastiques
sont supprimés : le marquis de Lacoste était un pré-
-curseur.

La motion ne parut pas opportune : on attendit. On
n'attendit pas longtemps. La Déclaration des Droits de
.l'homme est de la fin d'août 1789. En février 1790, la
.motion du marquis de Lacoste reparaît et, cette fois —
-admirez la rencontre — ce sont les modérés qui portent
la question devant l'Assemblée. Vous avez Rœderer,
.de La Rochefoucauld (*Se tournant vers la droite*) — Sa-
luez, messieurs !

M. le comte de Blois. — On l'a massacré.

M. Clemenceau. — Je ne vois pas ce que cela pour-
-rait prouver contre la générosité d'esprit qui l'a poussé
-à rechercher de bonne foi les conditions nécessaires de
l'établissement de la liberté dans sa patrie.

M. le comte de Blois. — Cela a été sa récompense.

M. Clemenceau. — Je vous prie de croire, mon cher
collègue, que, si on a massacré quelques monarchistes
·et beaucoup de républicains, cela ne peut en rien influer
.sur l'opinion que je peux avoir en ce qui concerne les
congrégations. Ce sont des questions d'ordre individuel qui n'ont rien à faire ici. Nous verrons tout à
l'heure Louis XVI ratifier la suppression des ordres
monastiques, et l'échafaud du 21 janvier 1793 ne prou-
-vera ni pour ni contre la mesure.

M. le comte de Blois. — Je demande la parole.

M. Clemenceau. — J'ai cité Rœderer et de La Rochefoucauld, je cite Pétion, Barnave, Garat, Thouret, tout

le parti modéré décrétant la suppression des ordres monastiques. Notre vénérable collègue, M. Wallon, disait l'autre jour avec infiniment d'esprit que l'épithète de radical lui avait toujours paru le superlatif de libéral. Pour ma part, c'est une définition que j'accepte, je le prie seulement de remarquer, qu'en 1789 l'épithète de « modéré » était un diminutif et fut quelquefois même un augmentatif de révolutionnaire.

Eh bien, la discussion s'engage, et sauf M. de La Rochefoucauld, qui se borne à invoquer l'argument utilitaire, et la nécessité de faire droit à l'opinion publique, tous les autres orateurs, tous les orateurs modérés et particulièrement Barnave et Garat insistent sur ce fait capital, qu'il faut supprimer les ordres monastiques parce qu'ils sont constitués en violation de la Déclaration des Droits de l'homme.

Barnave dit : « En se mettant hors de la société, les ordres monastiques sont contraires à la société. »

Garat : « Les ordres monastiques sont la violation la plus scandaleuse des Droits de l'homme. »

C'est comme sanction de la Déclaration des Droits de l'homme que les ordres monastiques sont supprimés.

Messieurs, le fait est intéressant parce que, depuis, l'argument a fait le fond de la campagne contre les ordres monastiques, et parce que la même question qui s'est posée devant la Constituante se pose encore aujourd'hui devant nous, puisque les ordres monastiques, malgré la loi, se sont reconstitués.

Quelle est donc la véritable doctrine de l'association et de la congrégation, en droit ?

La Constituante a voté la loi du 17 février 1790, ainsi conçue : « Les ordres religieux sont et demeurent supprimés en France, sans qu'il puisse en être établi d'autres à l'avenir. » Louis XVI a ratifié. C'est encore la loi de l'Etat.

Quelle est la véritable doctrine de cette loi sur laquelle les Assemblées parlementaires d'aujourd'hui auront bientôt peut-être à se prononcer ?

C'est sur ce point que je tiens à m'expliquer. Supprimer les congrégations, cela paraît à première vue, je n'ai nulle envie de le nier, un acte attentatoire à la liberté. Je prétends que c'est, au contraire, une conséquence nécessaire de la liberté.

A droite, ironiquement. Vive la liberté !

M. Clemenceau. — Messieurs, si vous considérez quelle a été l'idée primordiale d'où est sortie la Révolution française, vous reconnaîtrez très vite que la doctrine commune à tous, modérés ou révolutionnaires, a été celle-ci : La créature humaine, en naissant, apporte certains droits inaliénables contre lesquels le corps social ne doit faire aucune entreprise et que l'homme lui-même ne peut pas abdiquer. Voilà la doctrine. Il y a des droits inhérents à l'existence de l'homme.

M. Hervé de Saisy. — C'est très vrai !

M. Clemenceau. — C'est très vrai, dites-vous ? Je suis heureux d'enregistrer votre observation. Et je le dis sans ironie, je vous assure.

M. Hervé de Saisy. — Je ne l'aurais pas méritée.

M. Clemenceau. — L'homme apporte, en naissant, des droits à l'existence, et le socialisme plus tard dira : Tous les hommes ont des droits égaux à toute l'existence. On n'a pas encore argué contre cette doctrine ; on n'a pu soutenir que certaines créatures humaines ont des droits supérieurs. Non, doctrinalement, tout le monde est maintenant obligé d'admettre que toutes les créatures humaines ont des droits égaux.

Mais, s'il en est ainsi, sur quelle idée se fonde la congrégation ?

On confond souvent le mot « congrégation » avec le mot « association » ; les deux termes, pourtant, sont contradictoires. Dans congrégation il y a l'idée de troupeau, et ce n'est pas sans raison. L'ancien régime n'a pas connu la liberté d'association, il n'a connu aucune liberté ; il n'a permis et il ne pouvait permettre que des groupements d'autorité, de domination pour les uns, de servitude pour les autres. La congrégation, personne ne pourrait le soutenir, n'est pas une association constituée en vue du développement de l'individu ; c'est un groupement d'autorité absolue, c'est un organe du gouvernement théocratique. Et aujourd'hui, par cette même loi dont vous vous plaignez, lorsque nous avons donné la liberté d'association, qu'avons-nous fait ? Nous avons fait, de la liberté de s'associer le droit commun. Dans quelles conditions ? Interrogez les lois sur les sociétés civiles et vous verrez que chaque individu apporte dans l'association l'intégralité de son droit, qu'il en concède une partie dans des conditions strictement déterminées, visées par les statuts, qu'à chaque moment si les statuts sont violés il peut réclamer et traduire l'association en justice ; que le Gouvernement surveille lui-même l'exercice de ce droit d'association, la façon dont les statuts sont observés ; qu'à tout moment le procureur de la République peut intervenir et déférer le conseil d'administration aux tribunaux ; et comparez cette association de liberté avec la congrégation où l'individu, en entrant, a abdiqué sa personnalité elle-même (*Très bien ! à gauche*). Le droit d'initiative, la liberté, la responsabilité, vous les avez remplacés par l'obéissance ; le droit à la famille, fondement de l'Etat, vous l'avez remplacé par le célibat obligatoire ; le droit à la propriété personnelle, vous l'avez remplacé par la main-morte. Rome est tout, l'homme n'est rien ! (*Très bien ! à gauche.*)

Le droit d'être, le maintien de la personnalité humaine, vous l'avez remplacé par la suppression de la créature réduite à l'état de cadavre. On vous a donné la vie et vous en avez fait la mort. Eh bien, je dis que l'on n'a pas plus le droit de réduire le corps en esclavage que l'être moral, c'est-à-dire ce qui fait l'homme par excellence. (*Très bien ! très bien ! sur les mêmes bancs.*)

Je dis qu'il n'y a pas de droit contre le droit pour chacun de vivre et de développer la plénitude de sa personnalité. (*Très bien ! très bien !*) Je dis qu'il n'y a pas de liberté de la servitude et que, pour que la liberté soit, il faut que les organes de tyrannie et d'oppression théocratique cèdent la place à la liberté. (*Applaudissements à gauche.*)

On alléguera que les vœux ne sont plus reconnus aujourd'hui et que cela peut suffire. Non, messieurs, car ces vœux, qui ne sont pas reconnus, existent ; ils vivent dans l'Etat, ils ont un privilège, ils font échec à la liberté, et je prétends que la liberté ne sera pas, aussi longtemps que les organes de l'ancienne théocratie n'auront pas disparu de notre territoire.

Messieurs, ce n'est pas que je prétende enlever aux individualités la liberté légitime dont elles ont pu jouir sous le régime de la congrégation.

Je crois que la liberté de se réunir, de vivre en commun, fait partie de la charte des Droits de l'homme, le droit de prier également ; le droit d'enseigner encore. Pour moi, ce droit d'enseigner est la conséquence fatale du droit de penser et du droit de démontrer.

M. Charles Riou. — Très bien !

M. Clemenceau. — J'aimerais mieux que ce fut le pape Léon XIII qui me criât : Très bien ! (*Rires et applaudissements à gauche.*)

M. Charles Riou. — Incontestablement, je ne le suis pas !

M. Le Provost de Launay. — Nous n'avons pas, et je le regrette, aucune influence sur lui, soyez-en sûr.

M. Trarieux. — Il n'en a pas beaucoup davantage sur vous.

M. Clemenceau. — Quand je parle pour la liberté d'enseignement, je ne puis pas me dissimuler qu'un certain nombre de républicains ont une opinion contraire. Les tentations sont grandes pour un parti qui est au pouvoir. Il dispose de la force. Les hommes ne seraient pas des hommes s'ils n'avaient pas la tentation d'en abuser.

Je crois que le devoir du parti républicain, au moment où nous sommes, est de faire abstraction des passions violentes qui sont, à certaines heures, déchaînées contre lui, et qu'il doit de bonne foi, en toute tranquillité d'esprit, chercher ce qu'il peut y avoir de vrai et de juste dans les revendications, même présentées sous une forme outrageante, qui lui viennent de ses adversaires. (*Approbation sur plusieurs bancs à gauche.*)

Pour ma part, c'est ma disposition d'esprit. Je ne dis pas que cela ait toujours été. (*Sourires.*) Je dis qu'aujourd'hui c'est un grand souci pour moi de savoir ce qu'il peut y avoir de juste dans les réclamations de nos adversaires et que je crois qu'il est de l'intérêt supérieur de la République d'y faire droit. (*Très bien ! très bien ! au centre et à droite.*) Je crois qu'il n'y a pas de meilleure manière de servir la République. (*Très bien ! sur les mêmes bancs.*)

Je crois que l'histoire de la Révolution enseigne que la violence exercée par le parti de la liberté finit toujours par se retourner contre la liberté. (*Nouvelles marques d'approbation.*)

J'ai lu dans un journal, il n'y a pas bien longtemps, qu'il faudrait que nous eussions des magistrats du vrai, comme il y a des magistrats du juste.

Je ne veux pas faire de peine à M. le garde des sceaux, mais quand je vois ce que les magistrats ont fait du juste, j'ai une très grande appréhension des magistrats de la vérité. (*Sourires.*)

Au nom de quoi pourrions-nous imposer une vérité ? Où prendrions-nous ce droit ? Pour vous, messieurs de l'Église, le monopole est dans vos traditions, vous avez l'autorité, vous êtes détenteurs dites-vous de la vérité absolue — il ne faut pas vous en demander la démonstration ; mais vous n'en proclamez pas moins que vous avez le dernier mot des choses. — Pour nous, faibles humains, pour nous qui ne possédons que des aspects changeants de vérités et d'erreurs, pour nous, aux yeux de qui le vrai d'aujourd'hui n'est pas toujours le vrai d'hier et pas davantage le vrai de demain, je cherche au nom de quoi nous pourrions imposer une vérité absolue, éternelle, à qui que ce soit au monde ; je cherche où nous la prendrions, cette vérité, et je ne le trouve pas. (*Approbation à droite.*)

Non, l'autorité est dans vos traditions, vous êtes les ennemis de la liberté, parce que vous croyez détenir la vérité dernière. Mais nous, qui ne sommes que des hommes faillibles, des hommes changeants, et pour cette raison des libéraux qui faisons appel à la raison, nous avons comme premier devoir dans les conflits d'idées, de faire confiance à la raison. (*Très bien ! très bien ! à gauche et au centre.*)

Pour moi, je ne connais pas d'autre règle pour déterminer la vérité d'un jour que la pleine liberté de la discussion. Aussi bien, pourquoi exercerions-nous ce monopole ? Dans quel dessein ? J'entends bien : on enseignera dans les écoles privées la haine du progrès, la haine de la civilisation moderne et du libéralisme flétri par Rome. Cette haine, ne l'enseignera-t-on pas dans l'Eglise ? et certes pas un de vous ne rêve de refuser aux gens la liberté d'aller à l'église.

Alors, véritablement, que vous importe ? ne vous sentez-vous plus de taille à affronter cette discussion. Vous l'avez soutenue dans les pires conditions, quand vos adversaires avaient la toute-puissance, quand l'universalité des forces sociales faisait front contre vous. Vous avez vaincu, et votre victoire a été la victoire de la liberté.

Et maintenant que vous êtes au pouvoir, maintenant que vous êtes les détenteurs de la force gouvernementale, est-ce que vous allez prendre peur de la liberté ? Cela ne sera pas, et si cela devait être, je ne serais pas avec vous. (*Vifs applaudissements au centre et à droite.*)

Un homme éminent, de qui j'attends beaucoup pour le développement des idées républicaines, qui, je l'espère, sera un jour — dans très longtemps, quand M. Combes aura disparu du pouvoir (*Sourires*) — ministre de l'instruction publique, M. Buisson, que j'honore et que j'admire, a pris sur cette question une position différente de la mienne. Il a mis en avant deux arguments qui ont beaucoup touché certains de mes collègues. Je tiens à y répondre d'un mot. Il a dit :

« Il n'y a pas de raison invoquée pour enlever aux religieux les écoles publiques qui ne commande de leur enlever les écoles privées. »

Je réponds : non ! L'école publique est le rendez-vous de toutes les confessions. Il y a pour la neutraliser une raison qu'on ne peut invoquer en ce qui concerne les écoles privées. (*Très bien ! très bien ! à gauche.*)

M. Buisson a ajouté :

« S'engager à être professeur, c'est s'engager à penser et à faire penser librement ; c'est promettre d'exercer le sens critique, la liberté de la discussion et l'esprit de recherche. »

Messieurs, comment développerez-vous le sens critique, la liberté de discussion et l'esprit de recherche, si vous supprimez la discussion, partant l'esprit de recherche ; comment ferez-vous sortir la liberté de la contrainte ? (*Très bien ! très bien ! sur divers bancs.*)

D'autres, c'est le plus grand nombre, ont invoqué les droits du père de famille.

Je tiens à m'expliquer sur cette question. Dans la barbarie, ces droits sont absolus. Dans l'ancienne Rome elle-même, le père avait droit de vie et de mort sur l'enfant.

Aujourd'hui, la personnalité de l'enfant se dresse en face de celle du père, et si le médecin légiste jette dans l'eau un morceau du poumon du petit mort, et trouve qu'il a respiré, le père ou la mère sont condamnés : ce sont des meurtriers. Il y a le droit de l'enfant. Je ne le conteste pas, je le proclame. Mais je me refuse à discuter dans l'absolu les droits du père et les droits de l'enfant.

Il y a du côté du père une première violence : il met un enfant au monde sans sa permission. (*Sourires.*)

M. Maxime Lecomte. — Cela paraît indispensable, cependant !

M. Clemenceau. — C'est une violence qui n'est pas négligeable, car elle entraîne pour le nouveau-né des conséquences redoutables. Celle-là, vous ne proposez pas de la supprimer, n'est-ce pas ? (*Nouveaux rires.*)

Il y en a d'autres. Par le baptême — qui se donne le plus souvent à des nouveaux-nés — (*Hilarité à gauche*) le père prend parti pour son fils. Il le fait encore par l'éducation. Eh bien ! il faut établir une composante. L'État doit prendre pour l'enfant des garanties ; mais je prétends que lorsqu'il a pris des garanties de moralité et de capacité, il a épuisé son droit, à moins qu'il ne soit une théocratie, une église et se prétende détenteur d'une vérité absolue.

Je vous prie de considérer qu'il y a malgré tout un lien que rien ne pourra rompre entre le père et l'enfant. Nous ne sommes plus des jeunes gens ici. Quand nous regardons en arrière combien de nous peuvent se dire qu'ils sont parfaitement satisfaits de la carrière accomplie ? Messieurs, je crois qu'il n'y a que les sots qui soient absolument satisfaits d'eux-mêmes, ceux-là n'avoueront jamais, ne penseront jamais qu'ils ont une vie manquée. Mais cette vie qu'il aurait pu faire meilleure par ses actes, le père souvent essaye de la refaire plus haute et plus grande dans sa postérité. (*Très bien ! très bien ! sur un grand nombre de bancs.*) Quoi de plus légitime pour chacun que d'essayer de se prolonger dans son enfant ; c'est un sentiment que personne ne peut détruire, c'est un des grands ressorts de la nature humaine. (*Applaudissements.*)

Les uns cherchent simplement à faire à leurs enfants une situation matérielle meilleure. Les esprits élevés voudraient transmettre à ceux qu'ils ont procréés, un idéal de beauté, de bonté, de vérité, qui soit leur plus puissant véhicule dans la vie. (*Très bien ! très bien !*) Vous voudriez détruire ce penchant, vous ne pourriez pas. L'État a trop d'enfants pour être un bon père (*Assentiment*), mais il ne dépend pas de vous de faire qu'un père n'essaie pas de reprendre ce qu'il a pu y avoir de défectueux dans sa vie pour la faire plus haute, plus grande et plus belle dans sa progéniture. (*Applaudissements.*)

Le droit de l'enfant, — et la loi doit l'entourer de garanties, — est là, tout de même ; mais bien loin que l'enfant ait trop de facilité à se conformer aux pensées du père, qui de vous ne sait que le milieu, la critique de tous les jours, tous les événements du dehors assiégeront l'enfant d'une façon d'autant plus efficace que la liberté sera plus grande, qu'il ne manquera pas d'influences contraires à l'autorité morale du chef de famille, et que la tendance est assez forte aujourd'hui pour l'enfant de se mettre en opposition avec les idées paternelles. (*C'est vrai ! très bien !*)

Laissez faire ! Liberté pour tout le monde !

Le père empiétera peut-être quelque peu sur la liberté absolue de l'enfant ; mais le monde extérieur et la critique universelle interviendront, qui rétabliront la balance et assureront bientôt toute la liberté du jeune esprit.

Vous n'empêcherez pas, vous ne voulez pas empêcher

le père d'envoyer son enfant à l'église où l'enseignement que vous redoutez l'atteindra ? Alors, que craignez-vous ?

On a dit que l'enseignement était un service public. D'accord, l'enseignement est un service public ; mais il n'en faut pas raisonner davantage dans l'absolu. L'assistance aussi est un service public. Est-ce que vous condamnerez l'homme qui donnera deux sous à un pauvre, parce que c'est l'affaire de l'Etat ? Assurément non. Vous laisserez la liberté s'exercer à côté des agents du service public.

Il en est de même de l'enseignement. Aujourd'hui, je n'en discute pas le fond à dessein ; je prends position, ainsi que je l'ai dit. J'ai pensé que le premier intérêt dans la situation actuelle était de poser les questions. Je les pose. Je n'ai pas la prétention de les résoudre d'un mot. Je vous indique les solutions auxquelles je suis arrivé.

Dans la suite, lorsque le moment viendra, je serai prêt à les discuter à cette tribune.

Messieurs, comme dernier argument, je sais bien que M. le président du conseil a dit : Nous avons la force et nous avons le droit. Il n'a certainement pas entendu dire qu'il dût employer la force autrement qu'au service du droit. (*Mouvements divers.*)

Quant à moi, je vous le déclare nettement et sans arrière-pensée : s'il pouvait y avoir un conflit entre la République et la liberté, c'est la République qui aurait tort (*Très bien ! très bien ! au centre et sur plusieurs bancs à gauche*) et c'est à la liberté que je donnerais raison. (*Nouvelles marques d'approbation sur les mêmes bancs.*)

Oui, certes Mais ce conflit n'aura pas lieu. Ce conflit ne peut pas avoir lieu.

M. Charles Riou. — C'est la question.

M. le comte de Goulaine. — C'est ce que nous verrons.

M. de Lamarzelle. — Il est déjà né.

M. Clemenceau. — Ce conflit ne peut pas avoir lieu. La liberté est née du monopole de l'église, et, par là, le monopole a découvert son impuissance. L'humanité se meut, elle ne peut pas se laisser emprisonner dans l'organisme immuable de l'Eglise romaine. Ce que vous appelez décadence, — le fait que les esprits s'éloignent de la théocratie, du gouvernement autoritaire — nous l'appelons, nous, progrès; nous ne pouvons pas nous rencontrer, et le parti républicain, est obligé, sous peine de déchéance, de rester fidèle à la liberté. (*Approbation à gauche.*)

L'appareil extérieur du gouvernement politique de l'Eglise, il est vrai, semble inchangé, je pourrais même dire qu'il paraît plus fort. Il l'est même à certains égards. Quand le christianisme est devenu une force dans l'Etat, il y avait bien près de mille ans que la croyance au paganisme était ruinée, comme les comédies d'Aristophane peuvent vous en fournir le témoignage. A mesure que le doute, la critique moderne ont dissocié les croyances, l'appareil de compression de l'Eglise paraît plus fort et plus redoutable que jamais.

Pourquoi ? c'est que les intérêts politiques et sociaux se sont groupés derrière cet organisme de résistance, pour se défendre.

Qu'importe ! L'humanité se meut ; elle évolue vers des destinées supérieures. L'Eglise, pour justifier une parole d'un général juif, avait prétendu fixer la planète dans l'espace : à quelques pas d'ici, dans une église désaffectée, Foucault donne sa revanche à Galilée.

Il n'est pas possible à l'Eglise d'arrêter la marche de l'humanité en route vers des destinées plus hautes L'homme partout arrive à la pleine conscience de lui-même, fait éclater les liens dans lesquels l'Eglise l'enserra pour l'immobiliser, le momifier dans le dogme.

Des masses aujourd'hui libérées par nous — c'est notre honneur — une sourde rumeur monte de créatures révoltées. C'est le conflit formidable et grandiose de ce qui fut et de ce qui veut être. La justice, toute la justice pour l'homme du travail ; la liberté, toute la liberté pour la pensée humaine. (*Vifs applaudissements à gauche et au centre.*)

Où sont vos moyens de défense ? Ah ! je sais bien où vous les avez placés. Vous les avez mis dans l'armée, dans la force brutale.

La congrégation avait essayé de s'emparer de l'armée française. Mais son entreprise a été déjonée. L'armée sera bientôt libérée, elle sera l'armée nationale de la France, non de Rome, elle sera l'armée de la démocratie française. (*Nouveaux applaudissements sur les mêmes bancs.*)

L'Eglise elle-même, l'Eglise discute ; la foi rend des comptes à la raison. L'empereur Henri IV a pu aller à Canossa, un Bismark a pu aller à Canossa, les peuples ne vont pas à Canossa. La liberté ne fait pas d'amende honorable. (*Très bien ! très bien ! à gauche.*)

Le Concordat du dernier César n'est plus qu'un amas de décombres : c'est l'Eglise qui, dans son impatience de domination, l'a jeté bas.

Tout ce qui nous oblige est tenu par elle pour valable, et tout ce qui l'oblige, elle, ne compte pas. C'est avec cette pratique qu'elle a mis le Concordat hors d'usage. (*Rires approbatifs sur les mêmes bancs.*)

Et maintenant, regardez les peuples.

Les peuples slaves, sous une autocratie humaine, qui ira en s'humanisant quelque jour — car l'humanité trouvera sa voie — sont en train de rejoindre l'Orient, l'Asie, mère des primitives lumières, mère des vieilles religions, d'où est sortie la civilisation de l'occident.

Et, pendant ce temps, les peuples affranchis du joug de Rome, à travers l'océan Atlantique, l'Amérique et le Pacifiqne, sont partis pour les rejoindre, faisant étape aux îles de l'Australasie. La terre se couvre d'hommes libres. La cause de la liberté est gagnée. C'est nous qui l'avons déchaînée. Nous avons appelé les peuples au grand réveil, ils nous ont entendus et les voilà qui s'emparent des continents pour y fonder des sociétés de liberté, de justice?

C'est notre gloire. Pendant ce temps, où sont les peuples catholiques ?

L'Autriche catholique, vaincue, semble tous les jours, si l'on en croit les apparences, à la veille de la guerre civile ou du démembrement. Puissent ces malheurs nous être épargnés! La Bavière, vaincue comme l'Autriche, est enchaînée au vainqueur. L'Espagne a perdu tous les fleurons de sa couronne. L'Italie qui se relève — et dont je salue l'avénement heureux — ne sera intégralement libérée que dans la mesure où elle saura s'affranchir du joug romain. La Pologne est démembrée, l'Irlande sous la main de la Grande-Bretagne, et la France vaincue est toujours debout.

Voilà où en sont les pays où subsistent encore les puissances de la théocratie romaine.

Messieurs, nous sommes la France vaincue, mais nous sommes encore la France. Un jour, parce que nous nous obstinions follement à défendre le pouvoir temporel, certaines alliances nous manquèrent (*Protestations à droite*) grâce auxquelles nous aurions pu garder les provinces que, pour ma part, je refuse d'oublier. (*Applaudissements répétés sur tous les bancs.*)

Et maintenant la question se pose de savoir si les qualités primesautières qui firent de nous le premier peuple à l'avant-garde de la civilisation pourront faire place désormais aux qualités de discipline, de méthode, d'obstination résolue qui nous permettront de nous y maintenir ? Serons-nous la France de Rome ou la France de la Révolution ?

La question peut se poser.

L'autre jour, dans cette Bretagne que j'aime, vous

m'entendez, et dont moi, vendéen, je suis l'ami, un préfet a été hué pour avoir osé dire : « Vous êtes Français avant d'être catholiques. » Retenez bien cette leçon.

Que dire encore quand nous voyons certains de nos collègues qui protestent contre la propagation de la langue française dans ce pays ? C'est la France de Rome qui se défend. Nous sommes, nous, les fils de la Révolution française, nous avons gardé la noble tradition des aïeux, nous avons hérité la querelle de nos rois pour l'indépendance et nous l'avons magnifiquement agrandie aux proportions de l'humanité par la révolte de l'homme pour la justice et pour la liberté.

La supériorité de notre cause, c'est qu'elle fera, par la liberté faillible, ce que vous n'avez pas pu faire par l'autorité infaillible. (*Sensation.*)

Nous fonderons la paix civile, qui est le but suprême, sur la tolérance des esprits, sur la justice des lois, sur l'agrandissement de la personnalité humaine. Car, messieurs, il faut que vous le sachiez, si nous sommes des soldats sans peur dans l'âpre combat où la fatalité nous engage les uns contre les autres, nous ne sommes pas des aveugles qui luttent dans la nuit. Pour toute violence, nous ne rêvons rien que de faire aux esprits fermés l'heureuse, la généreuse blessure par où s'élance la lumière, d'imposer le droit à qui prétend le dominer.

Notre collègue M. de Cuverville, en descendant de la tribune, disait que nous n'étions pas des hommes de paix. Vous ne nous connaissez pas, mon cher collègue, nous combattons pour l'idéal, et cet idéal est la grande paix humaine. La cause de l'idéal est dès à présent gagnée sur les continents de la terre. Je vous l'ai montré tout à l'heure. Mais l'idéal a encore besoin de notre grand pays. Nous combattons pour la France, nous combattons pour qu'elle garde son rang dans le monde. Il faut que vous le sachiez, et, si vous êtes capables de vous arrêter dans la lutte et de considérer les effets malheureux des dissensions qui nous affaiblissent devant l'étranger, s'il vous paraît que nous ayons assez souffert, que ne proposez-vous la paix dès aujourd'hui ? Si vous n'osez le faire, c'est nous qui vous demandons la paix, nous qui sommes les plus forts, c'est nous qui vous l'offrons — non pas la paix de Rome, non pas la paix de domination pour les uns et de servitude pour les autres, mais la paix de la France, la paix des consciences libérées, la paix du droit égalitaire, qui veut pour les hommes, sans caste, sans classe, sans privilège, la plénitude, toute la plénitude de la vie. (*Applaudissements répétés à gauche et au centre.— L'orateur, en regagnant son banc, reçoit les félicitations d'un grand nombre de ses collègues.*)

« *Après deux courtes répliques de MM. le comte de Blois et de Lamarzelle, M. Clémenceau remonte à la tribune.* »

M. Clemenceau. — Vous me rendrez cette justice, messieurs, que je n'ai pas dit un mot contre l'Eglise en tant qu'expression des croyances religieuses. Je n'ai parlé que de la politique romaine et du gouvernement romain. Là-dessus je maintiens tout ce que j'ai dit ; je maintiens — et M. de Lamarzelle ne peut pas me démentir — que certaines alliances nous ont manqué en 1870 parce que nous avons défendu le pouvoir temporel, parce qu'il a fallu les victoires de l'Allemagne sur le Rhin pour que le pape vît s'effondrer la porte Pia sous l'effort victorieux de l'Italie. J'ai dit cela, rien de plus. Je laisse aux historiens le soin d'en tirer les conséquences.

Pour les congrégations, j'ai un mot à ajouter, et c'est pour le dire que je suis remonté à la tribune.

Vous vous êtes plaint que nous voulions supprimer les congrégations. Mais, mon cher collègue, permettez-moi de vous l'apprendre, législativement les congrégations sont supprimées. La loi de 1790 est toujours la loi de la France. Ni Napoléon Ier, ni Louis XVIII, ni Charles X, ni Louis-Philippe, ni Napoléon III ne l'ont abrogée. Elle est si bien la loi de la France que les congrégations, pour vivre, sont obligées de demander l'autorisation, c'est-à-dire une faveur.

Seulement, il est arrivé ceci, dont vous ne dites rien : c'est que les congrégations demandent l'autorisation et que si on la leur accorde elles vivent, parce qu'elles sont autorisées, et que si on la leur refuse, elles vivent tout de même, qnoiqu'elles ne soient pas autorisées. (*Hilarité.*)

Si bien qu'un jour, M. le président du Conseil Combes se trouve en face de l'insurrection du fait accompli, et il voit se dresser devant lui les moines qui lui disent : De votre faveur, nous avons fait un droit et nous résisterons par la force aux représentants de la loi. Ils ont résisté par la force. Les pères envoyaient des balles aux soldats de la France, les fils n'envoient plus que des seaux de purin à l'armée française. Voilà toute la différence.

Un membre à gauche. C'est de la défense stercoraire.

M. Clemenceau. — Nous ne craignons rien. Nous avons le droit. Nous avons une loi qui a été faite par l'Assemblée la plus libérale que le monde ait connue, par l'Assemblée constituante, qui a ouvert les temps nouveaux, une loi qui a été sanctionnée par le roi de France. Nous prenons cet héritage tel qu'il est, et nous disons simplement qu'il y a lieu d'appliquer la loi de 1790, qui est, en dépit de Rome, la loi de ce pays. Nous disons qu'avant de procéder à la réforme de l'enseignement, il faut procéder à la réforme des congrégations, c'est-à-dire à leur suppression pure et simple au nom de la liberté. (*Applaudissements sur plusieurs bancs à gauche.*)

C'est pour le dire que je suis monté à cette tribune.

Et, mon cher collègue, quand vous jouirez, par le droit commun de la société civile, du droit d'exercer toutes les libertés que la congrégation vous offre aujourd'hui — sauf bien entendu la liberté de machiner l'homme et de le réduire en esclavage, que demandez-vous de plus ?

Un des membres les plus éminents de cette Assemblée, avec qui j'avais l'honneur de causer avant-hier, me disait : « Vous n'accordez qu'une demi-liberté ». Je réponds : « Comment la liberté commune à tous les Français, celle qui leur est accordée sans distinction d'opinion ou de classe, celle qui est le bien commun de tout homme qui vient au monde sur notre territoire, liberté créée par la Révolution, maintenue jusqu'à aujourd'hui par l'esprit de la Révolution, ne suffirait-elle pas à l'exercice du droit complet de tous les citoyens français ? Qu'on me dise ce qui peut y manquer. On ne le dira pas, car ce qui manque, c'est la liberté de l'esclavage, et cette liberté-là, c'est l'oppression, c'est la tyrannie.

Prenez-y garde : sur le sol de l'ancienne monarchie française, il demeure des organismes de théocratie autoritaire qui encombrent le domaine commun et arrêtent le développement des libertés publiques. (*Très bien ! très bien ! à gauche.*)

Il faut que le terrain soit déblayé de ces restes de tyrannie. Place nette à la liberté ! Faisons un grand chemin pour l'homme libre, pour le peuple français, reprenant, comme aux jours de la Révolution, sa marche heureuse vers l'avenir. (*Vifs applaudissements à gauche.*)

APPENDICE

APPENDICE

I

TOUTE LA LIBERTÉ [1]

Je ne méconnais point les intentions de M. Waldeck-Rousseau. Je me borne à lui faire observer qu'il n'atteindra point, par le moyen de son projet de loi, le but qu'il se propose. Il recommence la politique de Jules Ferry dont le résultat fut néant. Je sais qu'il l'accentue par la mainmise de l'Etat sur les biens sans propriétaire légal. Mais je n'ai besoin que de ses propres déclarations pour reconnaître qu'il ne peut entretenir sérieusement l'espérance d'aboutir.

M. Waldeck-Rousseau condamne la mainmorte, et tout aussitôt il la perpétue chez les congrégations autorisées non moins redoutables que les autres. Il montre les congrégations (toutes les congrégations) préparant la contre-révolution, organisant l'asservissement de la nation à l'Eglise : sur quoi, il laisse aux redoutables instruments de servitude qu'il dénonce une place de privilège dans l'Etat.

1. Cet article et les deux suivants ont paru dans *le Bloc*, numéros des 3, 17 février et 18 août 1901. Nous y avons joint un article publié dans *la Dépêche* de Toulouse du 17 novembre 1902. Il nous a semblé que le lecteur trouverait là un utile complément de la pensée exprimée par l'auteur dans son discours du 30 octobre 1902 (*Note de l'éditeur*.)

Quelle distinction peut-on sérieusement faire entre les congrégations autorisées par la monarchie et les congrégations qui ont audacieusement passé outre à la loi. Rome ne fait et ne peut faire aucune différence entre ces milices ayant toutes le même but avoué : la suprématie universelle de l'Eglise. M. Waldeck-Rousseau ne saurait être plus pape que Léon XIII qui déclare, ayant seul qualité pour cela, que toutes les congrégations sont une émanation directe du Saint-Siège dont elles relèvent toutes, comme le serviteur du maître.

M. le président du Conseil a fait des ressources de l'armée cléricale un tableau qui est assurément le morceau le plus soigné de son discours. Il a montré les congrégations supprimées revenant à la vie une à une, à l'abri de la Charte, silencieuses d'abord, puis bruyantes, bientôt audacieuses, affichant impudemment leur programme qu'il résume ainsi :

« *Un seul culte reconnu, le culte catholique ; sa pratique obligatoire ; les noms des non-pratiquants cloués à la porte des paroisses ; la restitution des biens ecclésiastiques; le mariage civil déclaré un concubinage ; les registres de l'état-civil rendus au clergé.* »

Il a dépeint au vif toute cette bande noire, reculant devant le réveil de l'esprit de liberté, mais n'abandonnant jamais ses espérances, ajournant l'œuvre suprême, échelonnant les succès, et aboutissant enfin, après trente ans de République, au plus beau développement qu'elle ait jamais connu, ayant la main dans tout, le culte, l'enseignement, le négoce, la politique, la banque, l'armée, entreprenant de conquérir le suffrage universel lui-même, afin de réaliser, avec le siècle qui commence, l'idéal de la secte, toujours la même : la contre-révolution.

Le tableau est saisissant. Cette armée cléricale qui marche, par toutes les voies, à la conquête de la société moderne, est-ce que les congrégations autorisées n'en font pas partie ? Est-ce que leurs biens ne sont pas aussi des biens de mainmorte ? N'est-ce pas par les mêmes procédés qu'elles les grossissent indéfiniment ? En quoi leur doctrine diffère-t-elle du programme avoué sous la Restauration ? Leur but n'est-il pas aussi la contre-révolution ?

Pourtant le projet de la Commission et du Gouvernement les laisse subsister. M. Trouillot n'y touche pas. M. Waldeck-Rousseau se défend de regarder de leur côté, et, pour un peu, il soutiendrait que c'est pour les protéger qu'il a déposé son projet. En tout cas, elles continueront de vivre, de s'enrichir, de mener l'assaut contre la Révolution.

Quel avantage de fermer les yeux à l'évidence, de se répandre en paroles d'action, de faire espérer des résultats décisifs, pour conduire aux déceptions, aux défaites ceux à qui on avait promis la victoire ?

Il n'y a au discours de M. Waldeck-Rousseau qu'une conclusion raisonnable : la suppression des congrégations. Les républicains français jugent l'entreprise au-dessus de leurs forces, et cependant l'antagonisme fatal de l'autorité divine et de la liberté humaine les pousse en dépit d'eux-mêmes au combat où il faudra que tôt ou tard le dogme, vaincu comme puissance publique, soit réduit simplement à sa place légitime dans le domaine intangible de la liberté de conscience. Grâce au schisme de Luther, on peut dire que la question est déjà résolue pour la majorité des peuples civilisés. Dans les pays catholiques seuls, elle demeure en suspens. Au premier rang, la France. Si par malheur la France venait à succomber sous Rome, elle ne ferait pas reculer le monde. Il s'agit donc seulement de savoir si nous, Français, devons garder notre place légitime dans la civilisation de liberté ou retourner aux carrières du moyen âge.

La question est trop redoutable pour qu'il n'y ait pas un avantage capital à la poser nettement devant l'esprit français, au lieu de l'obscurcir d'équivoques toujours croissantes, comme n'ont cessé de faire, sous prétexte d'habileté, nos prétendus hommes de gouvernement qui ne sont, au vrai, que des empiriques fastueux ou des *arrivistes* en passe d'anoblir leur fond de culotte sur le trône d'un ministère.

*
* *

De différence entre les congrégations autorisées et les congrégations non autorisées, il n'y en a pas, il ne peut pas y en avoir. Pas plus qu'entre le clergé séculier et le clergé régulier. Ce sont là des distinctions de sophistes qui n'osent mettre au bout de leur rhétorique le geste de l'action décisive. Le Pape ne connaît et ne peut connaître qu'une autorité, qu'une puissance : l'Eglise. Essayez de lui faire dire autre chose ! Oui, je sais, vous feignez de ne pas entendre. Mais le puissant enchaînement de la conception d'autorité fait de l'Eglise un bloc que n'entameront pas des subtilités d'avocat. Je le disais à M. Cornély. Contre la masse énorme, toujours résistante après tant d'assauts, il n'y a qu'un moyen d'agir : faire donner d'ensemble la liberté, toute la liberté humaine. Bloc contre Bloc. Il faut que l'un des deux cède le passage.

Qu'il le veuille ou non, qu'il le sache ou non, tout ce qu'a dit M. Waldeck-Rousseau des moines est vrai de tous les moines autorisés ou non autorisés, est vrai de toutes les milices papales : clergé régulier, clergé séculier, tous deux même instrument de souveraineté dans la main du même maître.

« Nous le savons, nous souffle-t-on à l'oreille, mais gardez-vous de le dire ». Qui croyez-vous tromper, pauvres gens ? Ni le Pape ni les catholiques, je suppose. Vous dénoncez le clergé régulier, ou tout au moins une partie du clergé régulier, et vous engagez la bataille non seulement avec l'ennemi que vous vous êtes choisi vous-même, mais avec l'armée papale tout entière à qui vous fournissez de vos propres mains, à nos frais, les approvisionnements et les munitions pour nous vaincre.

Des millions de l'Etat républicain vous subventionnez le clergé séculier qui ne diffère en rien de l'autre, qui a mêmes aspirations, mêmes moyens d'action, même but de domination suprême. Et c'est à ce combat que vous prétendez nous mener. Duperie ! Mensonges des lâchetés gouvernantes ! Il faut la paix ou la guerre. La paix dans la soumission à l'Eglise, ou la guerre pour la liberté.

Et comme vous n'avez pas le courage de choisir, comme vous nous maintenez dans un état hybride qui n'est ni la paix ni la guerre, qu'arrive-t-il ? C'est que nous avons tout juste assez de paix pour avoir un prétexte de fournir, malgré les hostilités ouvertes, des subventions à l'ennemi, et tout juste assez de guerre pour recevoir des coups sans être en état de les rendre.

*
* *

Nous regardons aux prises deux pouvoirs, le civil et le religieux. Le civil, né d'hier, décrié par ses propres agents qui voient l'audace et tous les avantages du terrain du côté de l'ennemi ; le religieux, fort de la tradition séculaire, maître de la puissance d'argent, embauchant la puissance du sabre, terrorisant tous les faibles, cléricalisant jusqu'à l'université même, faisant tous les jours reculer l'adversaire désemparé !

Et comment combattre, en effet, quand on n'ose livrer bataille ?

Là où les rois de France, résistant aux empiètements de l'Eglise, ont été successivement vaincus, depuis le

Charlemagne de M. Waldeck-Rousseau jusqu'au Louis-Philippe de Casimir-Périer, comment serait-ce à Loubet — même aidé de Trouillot — qu'une si belle victoire se trouverait, par les mêmes moyens, avoir été réservée ? On peut lutter contre l'arbitraire du dogme : quel autre recours que l'arbitraire du gouvernement quand on n'ose prendre en mains l'arme décisive de la liberté ?

C'est ainsi que le parti républicain en est arrivé à se prononcer, au mépris le plus manifeste de son principe même, contre la liberté d'enseignement, et que M. Brisson, le plus logiquement du monde, en vient à déclarer ennemie la liberté pour les hommes de s'entre-secourir.

Ne croyez pas que j'exagère, voici la citation que j'emprunte au *Journal officiel* :

— Quand je vois les établissements charitables des congrégations religieuses d'aujourd'hui ressembler si fort aux établissements charitables d'avant la Révolution, dont les désordres et les exigences violentes sont constatées dans les cahiers, je me demande s'il n'est pas souhaitable que la sécularisation s'étende encore à cet objet de la charité, et, comme on l'a déjà dit dans ce débat, si la démocratie ne ferait pas mieux par elle-même, je ne dirai pas la charité, mais l'assistance dans les établissements en question. Que la sécularisation s'étende à l'enseignement, je le souhaite aussi bien vivement.

... Prenez garde! Ne vous laissez pas aller à la coquetterie d'un vain libéralisme.

Il n'est pas possible d'être plus clair, et bien que nous soyons là — j'en demande pardon à M. Brisson — jusqu'au fond de l'absurdité, au moins dois-je reconnaître que la logique nous conduit à ce dernier carrefour où la tyrannie d'Etat s'offre pour nous sauver de la tyrannie du dogme, aux lieu et place de la liberté.

Séculariser la charité, en remettre le monopole aux mains de l'Etat (qui s'en acquitte comme les faits-divers de chaque jour peuvent nous l'apprendre), interdire à l'homme de secourir l'homme, d'associer les efforts dispersifs pour atténuer les misères, voilà où l'on nous propose sérieusement d'en venir ! En vérité, je n'ose pousser à fond l'argument. Il me semble qu'il suffit de l'exposer pour le détruire. Et cependant c'est la logique même de la situation qui nous mène à la proposition Brisson.

*
* *

Si l'on persiste à maintenir dans l'État français un autre État contradictoire, dérivant d'une autorité internationale et prétendant nous régenter souverainement au nom du Dieu de l'Univers (d'après un mandat de vérification malaisée), comment soutenir la lutte contre l'arbitraire divin, en dehors de cette liberté de conscience que l'Église condamne, sinon par l'arbitraire gouvernemental, au hasard des expédients empiriques du jour ?

C'est ce qui fait l'embarras des républicains dans la question de la liberté d'enseignement. Ils sont à la recherche de tous les sophismes concevables contre le droit d'enseigner, méconnaissant, reniant ainsi la force même qui leur donna la victoire. Et cela simplement parce qu'ils s'obstinent à maintenir contre euxmêmes l'organisation de servitude qui constitue, ils sont obligés de le reconnaître, l'attentat suprême à la liberté.

A l'Assemblée nationale l'argument fut très nettement poussé de part et d'autre, entre Paul Bert et Challemel-Lacour. A la séance du 3 décembre 1874, Paul Bert soutint que la liberté de l'enseignement est contenue dans la Déclaration des Droits de l'homme. Car, dit-il, *« elle est comprise dans la « communication de la pensée par tous les moyens possibles »*. Et il citait cette phrase du rapport de Condorcet à la Législative : *« L'indépen-*

dance de l'instruction est une partie des droits de l'homme ». Puis, l'article 1er de la loi du 29 frimaire an II : « *L'enseignement est libre* ». Et il concluait : « *Voilà pourquoi sur le terrain de la théorie, comme sur celui des faits, nous sommes partisans de la liberté de l'enseignement* ».

Il subordonnait cependant la liberté de l'enseignement à la proclamation de toutes les autres libertés, de réunion et de presse, sans lesquelles, disait-il, « la liberté de l'enseignement *seule* serait un leurre ».

Et que répondait Challemel-Lacour ? *Que la liberté d'enseignement aggraverait nos divisions parce que l'Eglise seule était en état d'en profiter.* Sans examiner si la suppression du privilège d'État qui fait la force de l'Eglise ne détruirait pas l'objection qui lui paraissait décisive contre la liberté, Challemel-Lacour ne voulait pas savoir si la liberté d'enseignement était une « *liberté réelle* », constituant « *un droit positif et intelligible* ».

Car, alors même que cette liberté serait une liberté réelle, disait-il, que ce droit serait un droit positif, je concluerais encore de l'état actuel de la France que cette liberté doit être ajournée et que ce droit ne doit pas être appliqué.
Il sera temps d'examiner ce que vous demandez lorsque le pays sera rassuré sur les dispositions d'esprit de l'Eglise catholique à l'égard des libertés modernes et des libertés civiles, lorsque le clergé catholique, d'une manière ou d'une autre, se sera réconcilié avec des idées qu'il semble réprouver aujourd'hui.

La liberté ajournée jusqu'au temps où nos adversaires seront de notre avis ! Comme si le problème de la liberté n'était pas précisément d'organiser un régime tolérable pour les opinions contradictoires, en imposant le respect d'autrui à celui-là même qui prétend le contraindre. C'est ce qu'observait très justement le rapporteur, citant ce mot de Burke : « *Demander la liberté pour soi et la refuser aux autres, c'est la définition du despotisme* ».

Et tandis que la plupart des républicains prenaient parti avec Challemel-Lacour contre la liberté de l'enseignement, l'Eglise nantie des privilèges qui faisaient d'elle un Etat dans l'Etat, revendiquait la liberté d'un organisme de gouvernement supérieur à l'Etat même, et le même Dupanloup, qui avait écrit précédemment : « *Sur le terrain de l'enseignement, toutes les phrases sur la liberté des opinions sont des sophismes coupables* », ne craignait pas de s'approprier cyniquement la thèse qu'il avait ainsi condamnée.

De ce moment tout était renversé. Le parti de la liberté réclamait la tyrannie de l'Etat anonyme au lieu et place de la domination divine, et il ne fallait rien de moins que la liberté privilégiée aux agents officiels de la dictature d'en haut.

Seul, Louis Blanc eut le courage de poser la question en ses termes véritables :

Donnez-nous la liberté de réunion, la liberté d'association, la liberté de la presse. Donnez-nous la liberté pour tous, toute la liberté, et alors nous ne craignons pas que, comme résultat d'une lutte à armes égales, la raison succombe. J'en jure par la raison elle-même. La vérité reconnaîtra les siens.

On ne comprit pas, on ne voulut pas comprendre. Et ceux qui avaient conquis la liberté de conscience contre l'Eglise, seule puissance d'enseignement, soutenue de tous les pouvoirs publics, n'osèrent pas faire à l'Eglise sa part de liberté, et ne le pouvaient logiquement pas, puisqu'ils ne commençaient pas par lui enlever son privilège.

Nulle part l'incohérence des républicains n'apparut mieux que dans la prudhommesque ânerie de M. Jules Ferry réclamant « *beaucoap de liberté et beaucoup d'inter-*

vention de la puissance publique ». Nous vivons encore sur cette pompeuse bêtise.

*
* *

Peut-être le projet de loi de M. Waldeck-Rousseau, avec l'expérience des déceptions qui doivent fatalement s'ensuivre, aura-t-il pour résultat de hâter la solution de clarté, de vérité. Je veux l'espérer. L'Eglise combat pour nous asservir, notre victoire sera de lui faire sa place dans la liberté. Plus de privilèges d'Etat, restes de l'ancienne domination cléricale condamnée. Plus de congrégations, c'est-à-dire de sociétés d'asservissement mutuel. Il n'y a pas de liberté de l'esclavage. Il y a l'esclavage ou la liberté. Plus de mainmorte. Plus de richesse immobilisée au profit d'une puissance étrangère. Tous les biens de la terre en circulation suivent la législation civile du pays. Pleine liberté des sociétés civiles, pour adorer telle Divinité qu'il plaise, prier, enseigner, secourir, sous la réserve des précautions les plus sévères contre la reconstitution des biens demainmorte par la fraude. D'ailleurs, ce ne sera pas trop de toutes les contributions volontaires qui vont aux réguliers aujourd'hui, pour assurer le culte par le moyen du clergé séculier.

Sans doute, cela suppose qu'au lieu de regarder les ministres de l'Etat et les ministres de l'Eglise se livrer bataille pour le gouvernement des hommes, les citoyens en seront arrivés, de part et d'autre, au point d'être capables de se gouverner eux-mêmes et de prendre en mains, par l'usage des libertés civiles, la défense de leur propre cause.

C'est le point de départ de tout Etat républicain, et ceux qui se sont emparés du pouvoir au nom de la République ne sauraient vraiment, sans se disqualifier euxmêmes, contester la capacité républicaine des Français.

Dès lors, qu'attendent-ils pour faire qu'il n'y ait qu'un Etat dans l'Etat, un seul gouvernement en France : le gouvernement français, devant qui le gouvernement romain doit disparaître ?

II

LA THÈSE DE JAURÈS[1]

Mon article sur les congrégations n'a pas obtenu l'approbation de Jaurès. Tout en reconnaissant que les congrégations autorisées (laissées dans leur puissance par M. Waldeck-Rousseau) ne sont pas moins dangereuses que les congrégations non autorisées, tout en avouant *«qu'il n'y a pas de distinction essentielle»* entre le clergé séculier (salarié par l'Etat français) et le clergé régulier que M. Waldeck-Rousseau frappe d'une main et protège de l'autre, tout en concédant que « la logique du combat entre le cléricalisme et la société civile obligéra le parti républicain à *élargir le problème* ou plus exactement à lui restituer ses proportions véritables », le *leader* du socialisme révolutionnaire conclut en faveur du projet de M. Waldeck-Rousseau, contre ma « thèse » qui consiste à envisager dès à présent la question dans son ensemble.

Les deux points de vue. —

J'aurais un trop grand avantage si je voulais commencer par établir que nous ne sommes pas libres de prendre les questions autrement qu'elles ne se présentent, et qu'il y a une contradiction bizarre des socialistes révolutionnaires à nous prêcher du même coup qu'il faut résoudre la question sociale en vertu d'une conception logique d'ensemble, tandis que la question cléri-

1. Cet article a paru dans *le Bloc*, numéro du 17 février 1902.

cale ne se doit aborder que par menues fractions, sans ordre méthodique, suivant la capacité mentale d'un ministère de rencontre, en nous laissant l'espoir « *d'élargir le problème* » aux prochaines calendes. Il y a là deux conceptions politiques qui s'excluent. J'aurais donc le droit de prier le rédacteur de la *Petite République* de commencer par se mettre d'accord avec lui-même. Je m'en garderai bien, estimant trop heureuse la chance qui m'est offerte d'éprouver mes idées au contact de l'esprit finement aiguisé de mon contradicteur.

Ma faute unique en cette affaire, si je comprends bien l'article de Jaurès, est d'avoir essayé de poser la question en ses véritables termes, dans sa généralité, sans me soucier des conséquences ministérielles de ma démonstration. Je me hâte de donner mes raisons.

J'estime — comme Jaurès en matière sociale seulement — que, dans un gouvernement d'opinion, il n'y a rien de plus urgent que de présenter au public des questions rationnellement posées, car c'est le seul moyen de remplacer par l'efficacité des solutions générales les agitations impuissantes où l'empirisme de nos politiciens nous épuise. J'y trouve encore le grand avantage, en signalant d'avance les déceptions fatales qu'on nous prépare, d'éviter les découragements inévitables, et de permettre, une fois reconnue l'impasse où nous conduit M. Waldeck-Rousseau, la formation d'un nouveau front de bataille en terrain découvert.

Au contraire, le principe de Jaurès est que « le projet Waldeck-Rousseau, malgré ses lacunes, vaut qu'on le soutienne ». Et, partant de là, que peut-il faire, sinon de l'étayer des objections plus ou moins captieuses qu'il me présente ? Je dis cela sans arrière-pensée. Je ne confonds pas Jaurès avec ces révolutionnaires de « gouvernement » que je trouve aujourd'hui bien en arrière de Gambetta, qui, tout « bourgeois » qu'il fût, ne voulait pas de l'intervention *préventive* des soldats dans les

grèves. Je me propose seulement de marquer la différence des points de vue.

Pour moi je ne désire pas du tout la chute du gouvernement. Je souhaite même sincèrement que son projet
de loi, mené à bien, montre à ses peu clairvoyants amis
l'inefficacité d'une politique de demi-mesures contre
laquelle M. Millerand, en d'autres circonstances, eut
éloquemment protesté. Mais il me semble d'autant plus
nécessaire de signaler d'avance les fautes grossières qui
seront évidentes bientôt pour tout le monde. C'est pourquoi j'ai cru devoir rappeler la doctrine de liberté, qui
ne m'est pas plus particulière que ne sont nouvelles les
objections d'autorité qu'on m'oppose.

Ai-je conclu?

Jaurès, je le crains, n'a lu mon article que d'un esprit
distrait par des préoccupations contingentes, autrement
il se fût épargné la peine de me poser — non sans développements — des questions auxquelles j'avais répondu
d'avance avec une précision qui ne devait laisser aucun
doute dans sa pensée.

Peut-on sérieusement me reprocher de ne pas conclure, quand mon contradicteur lui-même formule en
ces termes ma conclusion : « Dépouillez l'Eglise de tout
ce qui fait d'elle un État contre l'Etat, et donnez ensuite
à tous toute la liberté, à toutes les idées, à toutes les
forces, à tous les groupements, dans tous les ordres :
assistance, enseignement, action politique ».

Alors, il est vrai, deux objections me sont proposées :

Première objection.

Les congrégations. La mainmorte. Quand tout lien officiel de l'Eglise et de l'Etat sera rompu, quand les cultes
ne seront plus payés par la nation, ne vois-je pas que

« *les congrégations vont pulluler, avec une audace extraordinaire, absorber la fortune du pays* sa conscience » par « *la mainmorte cléricale,* soutien de l'enseignement clérical et de l'opprimante charité confessionnelle qui va prospérer ».

Si Jaurès m'avait bien lu, il aurait constaté lui-même que son objection reste en l'air, puisque j'ai condamné les congrégations comme autant d'attentats à la liberté, et que je me suis prononcé pour la suppression de la mainmorte.

Il me pardonnera de me citer, c'est lui-même qui m'y oblige :

Plus de privilèges d'Etat, restes de l'ancienne domination cléricale condamnée. *Plus de congrégations,* c'est-à-dire de sociétés d'asservissement mutuel. Il n'y a pas de liberté de l'esclavage. Il y a l'esclavage ou la liberté. *Plus de mainmorte.* Plus de richesse immobilisée au profit d'une puissance étrangère. Tous les biens de la terre en circulation suivent la législation civile du pays. Pleine liberté des sociétés civiles pour adorer telle Divinité qu'il plaise, prier, enseigner, secourir, sous la réserve des précautions les plus sévères contre la reconstitution des droits de mainmorte par la fraude. *D'ailleurs, ce ne sera pas trop de toutes les contributions volontaires qui vont aux réguliers aujourd'hui, pour assurer le culte par le moyen du clergé séculier.*

Je recommande à Jaurès cette dernière phrase. S'il veut bien considérer l'effort qu'exigeront les dépenses du culte dans l'organisation nouvelle, il sera rassuré, je pense, sur ce qu'il pourra rester de superflu pour les sociétés civiles d'enseignement confessionnel et de propagande religieuse sous prétexte de charité, à l'imitation de nos présentes moineries.

Deuxième objection.

La liberté d'enseignement. — Les sociétés civiles religieuses doivent-elles avoir le droit d'enseigner, de secourir ? La doctrine de Jaurès sur ce point est extraordinairement difficile à saisir. Il craint que l'Eglise, par la seule puissance des associations privées, mette la main sur une grande partie de l'enseignement, de l'assistance et de la fortune publiques : « *Or, remarque-t-il, nul ne songe à empêcher par la violence la propagation d'une croyance quelconque, d'une doctrine quelconque. Ce serait coupable et ce serait absurde, car on se heurterait à des forces séculaires, à des traditions qui ont encore une prise formidable sur d'innombrables consciences* ».

Jaurès exprime là, en termes excellents, toute ma pensée. Quelle est donc ma surprise de le voir reprendre tout aussitôt la liberté de conscience et de communication de la pensée, aussitôt après l'avoir concédée. C'est le *droit de l'enfant* qui lui sert d'excuse : le *droit de l'enfant* qu'il veut défendre par l'autorité du pion de M. Leygues et que je crois sauvegarder, moi, beaucoup plus sûrement, par la liberté des contradictions offertes de toutes parts.

On aura beau faire, la section du lien ombilical ne rompt pas l'attache du nouveau-né avec sa famille. Jaurès ne pourra jamais intervenir pour empêcher un père de mettre aux mains de son fils Fénelon ou Bossuet au lieu de Spinoza. Et je crains plus pour l'évolution de l'enfant l'autorité du pion d'Etat qui rendra facilement Spinoza haïssable que les tentations de la liberté qui mettra Bossuet, avec *l'anti-Bossuet*, à toutes les avenues de la pensée.

Jaurès et moi, nous sommes nécessairement issus de parents qui furent à quatre pattes devant les moines dans la longue nuit du moyen âge. Comment nous sommes-nous relevés de génération en génération ? Par la révolte de liberté ? Ou par l'autorité doctrinalement infusée d'un maître ? Pourquoi décider d'avance que nos fils, pourvus d'outils de connaissance qui furent refusés à leurs pères, seront incapables de l'évolution d'où nous sommes sortis. Sur quel fondement décréter qu'il leur faut un *magister* patenté du Loubet d'aujourd'hui ou de demain pour leur enseigner au commandement l'art de penser en liberté ? Pour moi, je ne fais pas à l'humanité cette injure. Ce que les aïeux ont réalisé dans les pires conditions sociales, je crois les fils en état de l'accomplir dans les meilleures. Ils s'affranchiront eux-mêmes, ils se feront hommes, écoutant de partout les voix contraires, la raison prononçant après l'enquête dont les éléments seront de toutes parts offerts. Il n'y a que cela qui compte. Ceux-là seuls qui feront ainsi seront des forces d'humanité, les autres ne seront que des inconsciences machinées.

Jaurès veut *l'enseignement national* pour « la garantie nécessaire de la liberté de l'enfant sur lequel le dogme, par les innombrables influences traditionnelles, aura déjà bien assez de prise ». L'*enseignement national !* Lequel ? Avons-nous ruiné le dogme d'en haut pour créer un dogme d'en bas dont l'Etat sera le dispensateur ? Est-ce la peine de détrôner Dieu pour le remplacer par « l'Etat » sous les espèces de Dupuy, Lockroy, Leygues, Trouillot, ou tout autre politicien de passage ? L'enseignement national ! Qui le réglera ? Des majorités changeantes. On aura le Dieu de Jules Simon comme aujourd'hui, ou celui de Renan pendant toute une législature, ou pas de Dieu du tout pour quatre ans, à une voix de majorité.

Je suis assurément de ceux qui ont voulu l'enseignement complètement neutre. Mais, bien qu'inscrit dans la loi, je ne vois pas que l'Etat républicain nous l'ait donné. Tout au contraire, lisez le discours de M. Delpech au Sénat et vous verrez comment, grâce au gouvernement de « défense républicaine », l'Université se cléricalise de plus en plus chaque jour. Quelle sauvegarde m'offre cet « enseignement national » où Jaurès voit sa « garantie » ? Le grand agent de libération, ce n'est pas cette neutralité, toujours plus ou moins fictive, simple étape dans la voie de la pleine lumière. Il n'y a, il ne peut y avoir de moyen d'émancipation efficace pour tous, que dans la liberté des opinions — mise au-dessus de tout comme instrument supérieur de vérité — dans la concurrence des enseignements divers, où l'Etat, au lieu de s'immobiliser dans le monopole, recevra de ses concurrents l'impulsion nécessaire à son propre développement d'éducateur.

A y bien regarder, qu'aura gagné Jaurès sur moi, dans son système d'Etat-Providence ? L'enseignement religieux universellement donné à part ? En sera-t-il moins fort ? Un petit résultat pour une grande tyrannie. Comparez l'avantage avec le danger signalé par Jaurès lui-même de « se heurter inutilement à des forces séculaires qui ont encore une formidable prise sur d'innombrables consciences ».

Et puis allons tout au fond de la question. Est-ce bien d'*enseignement* qu'il s'agit ? S'il est vrai que jamais l'autorité cléricale ne fut si puissante qu'à cette heure (par la lâcheté de ce même gouvernement qui a fait fléchir la loi devant les crimes commis à l'instigation des moines dans l'affaire Dreyfus), Jaurès sait comme moi que jamais il n'y eut en France moins de croyances sincères. A part une *élite* de fanatiques et de moindres, on ne croit pas. Mais il est du plus haut intérêt social de faire les gestes de croyance. On se pousse dans le monde, on avance dans la hiérarchie officielle en allant à la messe. Les écoles de jésuites sont surtout redoutables comme bureaux de placement dans un pays de fonctionnaires. Ce n'est pas une loi qui changera cela, car un élève sorti des jésuites ou du séminaire peut s'émanciper comme Voltaire, d'Alembert ou Renan. Il y faudrait d'abord le concours des gouvernants. Jaurès croit-il que le cabinet Waldeck-Rousseau qui donne tous les jours les fonctions publiques aux pires réactionnaires sortant des moineries, tout comme Méline lui-même, puisse être reçu à se plaindre que la congrégation place ses ouailles au gouvernement ?

La liberté de secourir. — Reste la question de l'assistance, où Jaurès sans hésiter se range sous la bannière de Brisson. Il est vrai que, par sa manière de poser la question, il s'assure, du coup, tous les avantages.

Mais à qui donc Clemenceau veut-il remettre cette fonction de l'assistance ? S'il laisse l'Eglise, *même à l'état d'association privée,* mettre sur l'assistance sa main et sa marque, il attente aux droits de l'homme, car l'homme a le droit d'être assisté sans que cette assistance s'enveloppe d'une forme religieuse. S'il abandonne ce soin aux associations laïques privées, comme rien n'assure qu'elles suffiront à la tâche, il expose les hommes souffrants à ne point trouver à la portée de leur souffrance le recours auquel ils ont droit. C'est donc toujours le grand devoir national qui apparaît, etc., etc.

Ne dirait-t-on pas que j'ai proposé de supprimer « le devoir national d'assistance » ? A qui répond Jaurès ? Pourquoi essayer de me convaincre que « le projet gouvernemental, par l'article qui consacre le retour à l'Etat des biens détenus injustement et illégalement par les congrégations et qui les affecte aux retraites ouvrières, est tout à fait ainsi dans le sens humain et révolutionnaire » ? En vérité, l'objection est étrange à l'heure même où je me plains que le projet soutenu par Jaurès ne décrète pas le retour à l'Etat *de tous les biens injustement et illégalement détenus par les congrégations,* et où le même Jaurès plaide éloquemment pour la loi qui laisse aux moines, dans l'injustice et dans l'illégalité, une énorme partie de ces biens, la plus grande.

Jaurès ne peut ignorer que j'ai maintes fois écrit et parlé pour reconnaître le « devoir national d'assistance », et proclamer que « l'homme a le droit d'être assisté sans que cette assistance s'enveloppe d'une forme religieuse ». Ce qui le distingue de moi c'est qu'il réclame le monopole du secours pour l'Etat-Providence avec interdiction aux citoyens de s'associer pour s'entre-secourir, tandis que je réclame pour eux le droit de se grouper suivant leurs affinités, suivant leurs croyances, pour s'entr'aider sous la forme qui leur paraît préférable.

Il est déjà fort tyrannique d'empêcher un homme d'enseigner ce qu'il croit la vérité. Mais je défie Jaurès et Brisson tout ensemble d'instituer un régime où i sera interdit aux hommes de se constituer en associations charitables, où l'on sera puni de prison pour avoir aidé son prochain. Quelle révolte unanime, non seulement des consciences mais des meilleurs sentiments de l'homme, se dresseraient devant les républicains si le premier effet de leur grande réforme de « liberté » était de traîner en geôle le « criminel » coupable d'avoir aimé son compagnon d'humanité et de lui avoir porté secours, au détriment du privilège de Sa Majesté l'Etat !

. Jaurès me dira-t-il où commence, où finit le secours ? Si l'Etat a mal secouru, ne pourrai-je bien secourir ? Si l'Etat a bien secouru, ne pourrai-je mieux ? Si le don d'argent, si le secours en nature, si l'hospitalisation me sont interdits, violerai-je votre loi en plaçant mon voisin sans travail ? Devrai-je me cacher pour faire de sa misérable vie une aisance, ou de son aisance précaire une richesse relative, quand l'Etat ne pourra jamais fournir, au mieux, que le strict nécessaire ? Jaurès sait combien est incertaine, suivant les circonstances, la limite du nécessaire au superflu. Au « nécessaire » officiel de Loubet, de quelle autorité m'empêchera-t-il de joindre ma quote-part pour assurer aux souffrants un confort supérieur, ou même s'il me convient, suivant l'heureuse formule de Mirbeau, l'exercice du « droit à la beauté » ? Je dis que personne n'osera tenter l'aventure, pas plus Jaurès que Brisson, car la nature humaine

entrerait en révolte, et ne permettrait pas un si monstrueux attentat à ce peu de bonté qui nous est imparti.

Et qui ignore d'ailleurs quelle sorte d'assistance est
celle de l'État? Jaurès sait comme moi que, dans nos
administrations ultra-centralisées, le gaspillage est partout, la responsabilité nulle part, et que, même sous le
régime actuel de la concurrence, les mères que re-
pousse l'Assistance publique sont contraintes d'aban-
donner leurs enfants, comme il arriva l'autre jour, jusque dans l'antichambre du directeur.

Sans doute, mon distingué confrère André Lefèvre,
développant contre moi la thèse de Jaurès, écrit dans la
Petite République que c'est l'absence du monopole qui
fait l'insuffisance des secours d'État. Quel dommage que
la démonstration ne vienne pas à l'appui de ce théo-
rème! Pour moi, j'ai toujours vu que le monopole pa-
ralysait le service, aiguillonné par la concurrence.
D'ailleurs il est des limites à l'impôt, surtout chez le
peuple le plus imposé de la terre, alors qu'avec l'évolution de la pitié humaine, l'heureuse ambition des se-
coureurs est toujours d'élargir le secours.

Et le problème n'est pas de l'élargir seulement, il
faut l'ennoblir encore. Le secours matériel d'homme à
homme peut et doit servir de support au secours moral.
La main tendue, la parole d'amitié qui accompagne le
don sous ses formes diverses, par qui me l'expédierez-
vous, citoyens? Quel fonctionnaire sera préposé au ré-
confort des misérables? Qui délivrera des tickets d'en-
couragement, des bons d'espérance, de relèvement
après la défaite? Quelle formule administrative feront
jaillir ces pleurs qui refont un homme dans certaines
crises? Peut-on méconnaître à ce point l'œuvre d'altruisme humain dont la charité religieuse n'est qu'une
puérile ébauche? Peut-on le méconnaître à ce point,
pour l'anéantir dans l'espoir de tuer administrativement
le dogme qui le défigure?

Car nous autres, bourgeois, déjà malades d'égoïsme, quand vous aurez tué par des peines appropriées le peu d'altruisme subsistant en nous, que ferons-nous de notre vie, et quel emploi nous restera de notre activité sinon de nous enrichir sans mesure par une lutte de plus en plus féroce pour l'argent, afin de payer votre impôt de bonté administrative monopolisée ?

Quant au gaspillage des deniers de l'Etat, quant au développement des sinécures, quant à l'irresponsabilité générale des fonctionnaires, je veux m'en épargner la démonstration pour cette heure. Il me suffira de rappeler que notre « démocratie » française n'a pas donné de meilleurs exemples à cet égard — même avec le contrôle fictif des Chambres — que la monarchie.

J'ai besoin d'un effort pour résister à la tentation des développements qui se présentent. Beaucoup trouveront peut-être que je me suis expliqué trop longuement. Je n'ai pas dit la dixième partie de ce que je pourrais dire. Je me suis borné, de parti pris, à répondre point par point aux critiques de Jaurès contre ma « thèse » de liberté, et bien que je n'ai critiqué sa thèse que dans la mesure où la discussion l'a rendu nécessaire, je crois en avoir dit assez pour permettre au lecteur de porter un jugement sur les deux points de vue.

III

CROIRE OU SAVOIR [1]

Un fait récent a posé devant l'opinion républicaine la question de l'éducation religieuse des enfants. Le problème paraît être théoriquement fort aisé à résoudre, chaque chef de famille réclamant le droit d'élever sa jeune progéniture dans les idées qu'il tient pour vraies, soit qu'il les ait reçues, sans examen, des ancêtres, soit qu'un effort d'esprit tout personnel lui ait fait des convictions particulières.

On a beaucoup écrit sur « le droit de l'enfant » et sur « le droit du père ». On ne peut nier qu'un moment arrive où les deux droits s'opposeront par la force des choses. L'heure vient fatalement d'une crise de l'autorité paternelle dans toute famille. L'enfant a grandi, il éprouve plus ou moins obscurément le besoin de penser par lui-même et le concours des deux hérédités dont il sort lui fait une disposition personnelle à se différencier de parents dont la tendance invariable est de lui laisser une empreinte d'eux-mêmes. Après avoir tiré plus ou moins heureusement, chacune sur son bout de chaîne, une réciproque affection induit le plus souvent les deux parties à composer. Les enfants doivent s'accommoder tant bien que mal d'un père façonné « aux idées d'autrefois ». Les pères se résignent à subir des enfants « sans expérience », qui s'aventurent dans le monde au gré de leurs fantaisies. On vit, on meurt, chacun ayant tort ou raison tour à tour, très fier quand l'occasion lui

---

1. Cet article a paru dans *Le Bloc*, n° du 18 août 1901.

vient de dire à l'autre : « N'avais-je pas prédit ce qui est arrivé ? »

Dans le silence de l'éternité tout s'apaisera bientôt. Mais avant d'en arriver là le marmot qui vient de naître trouve à l'autorité de ceux qui le mirent au monde, sans autorisation préalable, une extrême douceur. Ce jour-là, n'ayant que des besoins physiques, et se trouvant hors d'état d'y pourvoir, le despotisme lui est doux de la main qui s'empresse à le satisfaire. Il le sollicite énergiquement de toutes ses facultés d'expression, et manifeste à tout propos son parfait contentement d'une sujétion où il réalise la plénitude actuelle de son être. Nulle discussion encore sur « le droit » de chacun. L'apparence absolue de ce mot, sous lequel ne se cache rien que la brutalité d'un fait qui s'impose, nous réserve bien des mécomptes, s'appliquant à une créature toujours en voie de changement.

L'enfant grandit, et, depuis le premier jour, toute son énergie de croissance tend à l'individualiser davantage, à le séparer de plus en plus de ses procréateurs en l'affranchissant peu à peu de la nécessité de leurs secours. Son droit à la vie physique lui paraît souverain. Il en use, il en abuse avec une inconscience de jeune bête.

Mais voici les premiers symptômes d'une vie morale qui vont se produire. Vivre, c'est s'approprier le nécessaire et même le superflu. L'acte instinctif de l'enfant est de s'approprier toutes choses, sans se poser la question des conséquences. Dès les premières lueurs de compréhension, le précepte intervient : « Il ne faut pas faire cela. » C'est l'apparition de la morale sous la forme d'un commandement dont l'explication n'est pas toujours convaincante. Une borne est posée provoquant moins le respect que le désir de passer au delà. Lentement, lentement, l'esprit s'ouvre au commerce du monde. L'univers soulève ses premiers voiles. Mille questions jaillissent des lèvres, appelant, en réponse, de vagues formules, provisoirement acceptables dans l'impossibilité de l'analyse. Jusque-là l'esprit des parents et l'esprit de l'enfant ne sont qu'un. Mais prochaine est l'épreuve.

Les deux maîtres.

Il faut étudier. Il faut travailler. Il faut apprendre. Devant la jeunesse ingénue deux hommes se présentent. L'un pauvre, rébarbatif, souvent morose, montrant sur son visage les sillons douloureux de la vie, qui vient offrir, sans pouvoir se couvrir d'une autre autorité que d'hommes comme lui, le fruit de l'expérience accumulée des siècles sur tel ou tel point de la connaissance humaine. Pour le comprendre, l'enfant se voit requis de produire un douloureux effort d'intelligence, toujours plus grand, jusqu'à ce que le dégoût vienne de la tension rebutante dont nulle fin ne se découvre. Des livres consultés montrent bientôt que sur les questions seulevées l'humanité n'a pas toujours pensé de même. La science d'aujourd'hui n'est pas celle d'hier. Pourquoi la science de demain ne différerait-elle pas de celle d'aujourd'hui ? Tant de labeur ingrat pour s'assimiler des choses qui changent, présentent à tout moment des aspects imprévus, échappent à l'esprit qui croyait les saisir et ne parviennent qu'à nous faire changer d'inconnu ! Encore ne s'agit-il là que du « connaissable ».

A l'imagination, pour le reste, de chercher les solutions les plus plaisantes, en même temps que les plus conformes à l'avantage utilitaire. Il en est peut-être comme a dit celui-ci, sinon il est possible que tout soit comme a dit celui-là. Depuis que l'homme pense, il a successivement émis toutes les hypothèses de science, de métaphysique, de rêve. Dans le tas, que chacun prenne à sa convenance, se construise un paradis à sa mesure. Croyez ce qu'il vous plaira. Mais surtout que vos croyances ne soient pas pour choquer vos concitoyens. On vous pardonnerait de révoquer en doute ce qui est « démontrable », la théorie de la gravitation universelle, par exemple. Mais si votre « indémontrable » ne peut pas faire bon ménage avec celui ou ceux de vos concitoyens, il en résultera pour vous de grands ennuis.

L'enfant, bien entendu, ne peut se rendre compte de ces choses. Même s'il ne doit jamais les comprendre, il n'en sent pas moins toutefois, que son pédagogue omniscient n'a pas réponse à tout — loin de là — et cela lui est une souffrance. Ce qu'il voudrait, c'est que, pour chaque problème qui se présente on lui offrît une solution claire, simple, définitive, qui fût le dernier mot sur la matière. Le *Magister dixit* est né de ce besoin. Hélas ! Le maître dit, et quand il a dit, il reste, il restera toujours à dire. Dès que l'enfant l'a découvert — et le phénomène s'accomplît en lui bien plus tôt qu'on ne pense, — il en éprouve une déconvenue extrême, un découragement dont sa paresse le console en le confinant dans le labeur strictement utilitaire.

C'est alors qu'à l'insuffisant pédagogue — obligé de convenir que sa science est bornée — succède le détenteur de la révélation suprême, tout doux, tout aimable, tout en vertus extérieures, satisfait de lui-même, révéré de tous, se vantant d'être supérieur à la vie. C'est l'homme qui ne connaît pas de question sans réponse, le maître des mystères, celui qui possède la clef de toutes choses. Ah ! celui-là ne court point le risque de s'égarer en des recherches ardues d'expérimentation, d'analyse. Il n'usera point sa pensée à reculer de si peu que ce soit les limites de la connaissance, car il connaît tout de prime-abord, son autorité étant, non pas d'un homme borné, mais du Dieu fabricateur du monde, de qui il a reçu le pouvoir. Il va dire à son tour, mais cette fois, il n'y a plus de contradiction possible. Sans une variation, tous ceux qui ont reçu le même mandat, diront les mêmes paroles, accompliront les mêmes rites, et, après avoir expliqué l'univers sans le secours d'aucune science, donneront sans difficultés la formule éternelle, absolue, de l'humanité sur la terre.

Et le merveilleux, c'est qu'ici il n'est plus besoin de se casser la tête pour comprendre. Il suffit de répéter les mots qu'on vous présente. On vous demande simplement de *croire*, phénomène que la suggestion d'autrui suffit à produire chez les âmes faibles, tandis que chez les autres, l'effort de savoir exige, avec l'initiative, une persévérance obstinée dans les voies ardues de la connaissance. La foi, non la raison, voilà l'instrument de la destinée humaine, et, si vous en doutez, on aura recours à tous les arguments de la raison pour vous démontrer que les démonstrations de la raison sont vaines.

Ce seul point admis, tout devient lumière, en effet, pour le croyant. Il a l'explication, la prévision de tout. Il n'a plus à rechercher sa voie, à se conduire. *Il est conduit.* Pourvu qu'il prononce à l'heure marquée des paroles déterminées, pourvu qu'il accomplisse les rites prescrits — car le Créateur souverain a cette étrange faiblesse d'avoir besoin de l'adoration de ses créatures — sa vie, simplifiée, facilitée, s'acheminera, par des routes heureuses, vers des félicités non d'un jour, mais de l'éternité.

Quant aux manquements de simple moralité qui pourront intervenir, nous voyons chaque jour que c'est la moindre affaire. La confession, les prières, les jeûnes, les pénitences variées pourvoiront à votre salut, toute la hiérarchie sacrée ayant reçu le pouvoir de remettre vos fautes, et se dévouant même au service de vos intérêts ici-bas quand elle y trouve un avantage.

Est-il besoin de rappeler que si l'ordre de la nature est impuissant à vous procurer l'objet de vos désirs, l'Eglise fait en maints lieux un abondant commerce de miracles ?

Devine si tu peux, et choisis si tu l'oses !

Entre le prêtre, représentant de la puissance souveraine du monde, et le maître du modeste savoir humain, voilà l'enfant placé. Deux conceptions du monde sont aux prises pour la possession de sa naissante intelligence. Il faut faire un choix, semble-t-il, car elles apparaissent radicalement inconciliables. Notez que, dans la plupart des cas, les parents ont d'avance choisi pour l'enfant, par le baptême, comme leurs parents avaient choisi pour eux. La marque d'une doctrine est sur le petit être dès son premier vagissement.

Aux époques de foi, cette violence faite au nouveau-né paraissait un élémentaire devoir. Tout s'ensuivait alors, selon l'ordre établi. L'instruction totale était religieuse, accessoirement complétée de quelques éléments de connaissance utiles pour la pratique de la vie. Cela avait un sens. Juste ou fausse, éternelle ou fragile, une harmonie sociale découlait d'une compréhension générale des choses.

Mais, voici que ces rudiments méprisés de connaissance, toujours croissant, toujours empiétant sur le domaine de l'inconcevable, finissent par s'ordonner, par se développer en une immense floraison de savoir, produite dans l'investigation du monde, par l'élimination du procédé mental qui se résume en l'ancienne formule : croire. Et voici qu'en même temps les « croyances » n'apparaissent plus que comme les traditionnelles légendes d'un temps où l'homme était tenu d'interpréter, de résoudre provisoirement d'inspiration les grands problèmes de sa destinée que les progrès d'une enquête séculaire devaient lui permettre plus tard d'aborder expérimentalement.

Le conflit est fatal : nul ne peut s'y soustraire. Conflit social qui se retrouvera à tous les carrefours de la vie publique et privée, mais nulle part ne s'accusera avec autant d'intensité qu'au foyer paternel lorsque l'heure viendra pour chacun de transmettre à sa descendance l'héritage d'une mentalité ancestrale plus ou moins modifiée par un effort personnel de culture.

Questions d'intérêts.

Et, chose inattendue, à y bien regarder, le conflit des croyances est le moindre. L'ordre établi ne change pas, par la seule raison que les croyances décroissent. Les gestes du culte — devenus purement réflexes — se transmettent de génération en génération sans que personne ose s'interroger de trop près pour prendre la mesure exacte de sa foi. Un peu plus, un peu moins de sincérité dans les manifestations rituelles, la conscience profonde pourrait seule donner des précisions là-dessus, et l'on se garde précisément de lui poser la question d'une façon trop pressante. Les derniers siècles du paganisme nous montrent ce spectacle dans une aveuglante clarté.

De même l'affaiblissement de la foi chrétienne, de nos jours. Mieux encore, les actes extérieurs du culte redoublent d'intensité, les superstitions les plus grossières se répandent avec d'autant plus de facilité que, la croyance intime faiblissant, l'esprit retourne inconsciemment à la matérialisation de la divinité, au fétichisme reçu des ancêtres. C'est que la croyance religieuse a été le point central autour duquel se sont cristallisés les traditions, les mœurs, les institutions, les lois, les intérêts constitutifs de la société. Le support disparu, traditions, mœurs, institutions, lois, intérêts, se prêtent un mutuel appui, subsistent en vertu de l'équilibre ancien, et durent jusqu'à ce qu'une nouvelle doctrine, acceptable par tous, devienne un nouveau point de cristallisation sociale à son tour.

C'est le problème de notre temps. Beaucoup avaient pensé que la foi disparue entraînait à bref délai une reconstitution sociale nécessaire. Il apparaît aujourd'hui que le phénomène du renouveau ne se produit point comme par un coup de théâtre. Les traditions, les mœurs, les institutions, les lois, les intérêts, nés des anciennes croyances et soutenus par elles, soutiennent maintenant le culte extérieur, en retardent pour un temps la décomposition inévitable.

Les oligarchies du passé qui n'eurent de raison d'être que par les croyances disparues s'accrochent désespérément aux étais vermoulus de la construction croulante. *Croire! Croire!* c'est le mot d'ordre de leur présent, comme ce fut celui de leur passé. Les âmes simples se rencontrent encore dans les rangs de ceux qui se dénomment chez nous « l'aristocratie, » comme ce commandant de Bréon qui, après avoir demandé chaque jour la lumière d'en-haut, acquitta Dreyfus malgré la formidable pression de l'esprit de classe. Il n'en est pas moins vrai que nos classes supérieures actuelles — fort mêlées — voient surtout dans la religion une puissante organisation de défense au profit des appétits satisfaits contre les appétits à satisfaire.

La bourgeoisie gouvernante s'est emparée du gouvernement grâce à sa promesse réitérée d'ouvrir les voies d'accès à l'ordre nouveau qui se prépare. Mais aussitôt installée au pouvoir, toutes les forces du passé — traditions, mœurs, lois, institutions, intérêts — se présentent pour soutenir les maîtres du jour. Quel désintéressement prodigieux, quelle audace pour résister à la tentation de les approprier à son usage ? Les raisons ne manquent jamais, et la masse inorganisée, impuissante à constituer une force d'ensemble, cède, en dépit des révoltes partielles, à l'antique suprématie des choses qui sont.

Je ne dis rien du peuple parce qu'il est « *en devenir* ».

Les prolétaires des grands centres industriels cherchent péniblement leur voie et ne l'ont pas encore trouvée. Les paysans de nos campagnes s'éveillent aux premiers rayons de lumière, mais sont plus lents à se mouvoir.

La Liberté de l'Éducation

Il va sans dire que l'état d'esprit impliqué par ces situations diverses se manifeste simultanément dans la vie publique et dans la vie privée. De la vie publique, il n'est pas besoin de parler. Les classes supérieures se dépensent en efforts pour attirer la foule aux lieux du culte. Elles y réussissent remarquablement, car il s'agit, pour ceux qui accourent, non de croire et de se comporter en conséquence, mais d'accomplir des rites en public et d'en recueillir le profit ici-bas.

Lorsque ces croyants de tout ordre, dont nul ne peut sonder les cœurs, cherchent à transmettre à leurs enfants les doctrines sur lesquelles se fonde leur vie, qui donc pourrait s'en étonner ? Qui s'en plaindra, et leur refusera les moyens de tenter de modeler leur descendance à leur image ? Ici même j'ai réclamé pour eux cette liberté que leur refuse l'empirisme intolérant de notre bourgeoisie « libre penseuse », et j'ai trouvé devant moi la contradiction d'hommes de la plus haute culture, lyriques champions d'un ordre nouveau, mais attardés dans les procédés du *compelle intrare* plus séduisants par leur simplicité que les chances lointaines d'une liberté qui suppose la continuité de l'effort.

Les Chambres viennent précisément de voter une loi dont on a fait grand bruit, et qui aboutit à ce résultat de violenter les gens pour qu'une doctrine — toujours la même — soit enseignée aux enfants par des moines d'un certain habit plutôt que d'un autre. C'est ce prodige d'absurdité qu'on ose nous présenter comme une victoire. Nombre de parlementaires vont plus loin encore dans cette voie, prétendant réserver les fonctions publiques aux hommes qui, au lieu d'avoir reçu l'enseignement scientifique et l'enseignement religieux en bloc, les auront reçus séparément, l'un dans l'école et l'autre dans l'Eglise. Le simple fait qu'on discute sérieusement de pareilles « réformes » montre où la politique dite républicaine en est arrivée.

Unité ou duplicité de l'Enseignement

Quoi qu'il en soit, je note que les « hautes classes », conséquentes avec elles-mêmes, réclament l'unité d'enseignement, et quoique leur enseignement soit à l'opposé de celui que je rêve, il m'est impossible de ne pas reconnaître que leur principe est juste, tout enseignement digne de ce nom devant être *un*, par définition nécessaire.

Mais, de cela, précisément notre bourgeoisie gouvernante ne peut s'accommoder. Réclamer pour ses enfants l'unité d'enseignement positif, c'est à quoi elle ne songe guère. Elle a intitulé *l'instruction neutre* qui ne dit ni oui ni non — ou qui dit oui et non suivant le goût du maître — sur les questions maîtresses qui dominent la vie, et laisse à chacun le soin d'aller se pourvoir ailleurs des réponses que tout esprit sincère ne peut faire autrement que de juger urgentes. La même République, d'ailleurs, dont *la Laïque* est la grande conquête, entretient à grands frais le temple où un clergé, dûment salarié à cet effet, se charge de résoudre en quelques formules brèves tous les problèmes interdits au pédagogue. Grâce à cet arrangement où l'hypocrisie des époques de transition peut se développer à son aise, chacun de nous peut être libre, penseur ou croyant tour à tour, pour son compte ou pour celui de sa postérité. Laïque à la mairie, et dévot à l'Eglise au jour de son mariage, le bon bourgeois sceptique, qui ne croit ni à Dieu ni à Diable, suivant la formule usitée, tient à donner à son enfant les deux enseignements contradictoires pour lui laisser le soin de débrouiller plus tard qui de ses deux maîtres, l'un prêchant le *croire* et l'autre le *savoir*, lui a dit mensonge ou vérité.

Interrogez le père sur le démenti qu'il se donne ainsi à lui-même, il répondra que l'école laïque représente sa doctrine et que l'Eglise représente, pour l'enfant qui sera homme bientôt, un ensemble d'intérêts à ménager en vue du succès de cette entreprise hasardeuse qu'on dénomme la vie. Et si le point de vue n'est pas de ceux dont on puisse tirer gloire, le raisonnement n'est que trop juste ainsi que je l'ai fait voir tout à l'heure.

D'autres fois, le père, plus idéaliste, risquerait l'aventure d'un enseignement unique, tout de démonstration, mais la mère a reçu la tradition des pratiques cultuelles, et sans s'inquiéter trop de ce que son fils pourra croire un jour, elle n'aurait pas de tranquillité d'esprit si l'enfant n'accomplissait pas certains rites *comme les autres*. Elle sait faire valoir à propos la question d'intérêt. Le père cède pour avoir la paix, et par crainte aussi de porter la responsabilité d'une « position manquée » dans l'avenir. Voilà l'enfant entre les deux maîtres qui vont se disputer son intelligence — le prêtre ayant tout l'avantage — et le laisseront, tiraillé, fourbu, désorienté, découragé de connaître, se faire une philosophie pratique des seuls moyens de parvenir. Vienne le pesant rhéteur qui lui prêchera la faillite du savoir, l'Eglise sera là pour le recueillir.

La double pratique

Telle est la situation présente. Je ne m'en étonne pas. Je constate et j'explique dans la mesure des mes moyens.

Tout le monde sait que ma constatation ne s'applique pas à l'universalité de la bourgeoisie gouvernante et que quelques hommes se rencontrent pour donner à leurs enfants l'unité d'enseignement par la démonstration des connaissances positives. Ceux-là sont l'exception rare, car il faut réunir, pour faire front aux préjugés bourgeois, et la hauteur d'idéalisme et la force de caractère.

Aux prêcheurs d'idéal qui ont reculé dans cette entreprise où les attendaient leurs amis, je ne me sens point le droit de jeter l'anathème. Je préfère à Moïse, vouant à la mort les infidèles, la prêtresse Théano qui refusa de maudire. Seulement je tiens à m'inscrire contre une distinction jugée importante par quelques-uns de mes amis. On nous a donné à entendre que ce n'était pas du tout la même chose d'envoyer un enfant à l'école chez les moines, ou dans quelque collège de l'Université et de là au catéchisme de l'Eglise.

Pour moi, il m'est impossible de voir la différence. Oserait-on soutenir, sauf pour l'avantage de pouvoir argumenter, que le moine ou la nonne, enseignent autre chose que le simple curé ? Clergé régulier, ou séculier, l'enseignement est identique : voilà ce qu'on ne peut nier de bonne foi. Dès lors quel avantage d'avoir choisi le lycée pour son fils au lieu d'une maison de Jésuites, si, en fin de compte, ces élèves des deux maisons se doivent rejoindre au pied des mêmes autels ? Quel avantage, sinon d'illusionner le public, peut-être, ou plus probablement de s'illusionner soi-même ?

Cela, j'avais à cœur de le dire, parce que l'immense majorité de notre bourgeoisie républicaine, qui volontiers affiche son « anticléricalisme », trouve habile de se mettre en règle des deux parts en faisant succéder l'un à l'autre, dans l'esprit de sa progéniture, l'adoration de la *Laïque* et le culte suivant les rites du cléricalisme exécré. J'admets naturellement la pleine liberté de chacun en cette affaire. Mais il est temps de dire que, réformateurs ou révolutionnaires, ceux qui ont recours à la double pratique, pourraient avant de réformer les autres, avant de remanier la société en tout ou en partie, donner l'exemple, et commencer l'expérience de l'ordre nouveau sur eux-mêmes.

Une société finit. Une société commence. Nous sommes au point de rencontre. En nos âmes se heurtent deux conceptions de la vie, chacune fondée sur un principe qui est la négation de l'autre. *Croire* ou *savoir*. C'est à nous de choisir. Mais nos « classes dirigeantes » refusent de faire le choix. Elles décrètent par pharisienne hypocrisie, un monstrueux accouplement des deux contradictoires. Il faut bien constater le fait, puisqu'il se dresse fastueusement devant nous ? Il n'en est pas moins vrai que ceux-là aujourd'hui contribuent plus efficacement que les autres à détacher l'humanité de l'ancien ordre social, qui osent donner l'exemple de rompre eux-mêmes avec des mœurs de mensonge.

Le progrès humain, quoique beaucoup puissent dire, ne saurait résider dans la puissance d'une formule économique et sociale à dégager pour l'appliquer indistinctement aux hommes de toute culture.

L'amélioration de l'humanité est tout entière contenue dans cette culture elle-même qui permettra de choisir entre les formules proposées et fera l'adaptation des hommes au nouvel essai de vie supérieure.

La beauté d'agir

Ce sera le signe de l'évolution la plus belle, lorsque la majorité des hommes, choquée de la tartuferie qui se vante d'allier subtilement le *savoir* et le *croire*, en arrivera, dans l'ordre des connaissances positives, à ce besoin d'unité de pensée qui fit, dans le domaine des croyances, la force des premiers chrétiens. De là vien-

dra cette unité d'enseignement que nous préparons avec
tant de peine, et, comme conséquence, la vie *une* ainsi
que la voulurent les premières Eglises, non plus en
partie double telle que nous la promenons maintenant
du confessionnal au laboratoire.

Ni les premiers chrétiens, ni le Christ, n'ont réalisé
leur rêve. L'esprit de leur enseignement s'est envolé
pour nous laisser un détritus de rites que les simples
considèrent encore comme le christianisme lui-même.

L'amour des hommes, la charité, la solidarité sont
des moyens. Le but, c'est un peu moins de mal sur la
terre. Il faut trouver à ces leviers de l'esprit un point
d'appui plus sûr que l'enfantine promesse des célestes
séjours. Il faut découvrir de la vérité, sur l'univers et
sur nous-mêmes, tout ce que nos facultés nous permet-
tent d'en comprendre. Qu'importent les limites de l'esprit. Savoir qu'on ne sait pas, c'est savoir encore, puisque c'est se connaître.

Nous en sommes au point, à cette heure, qu'un nombre
suffisant d'idées sont éclaircies pour que les hommes
de sincérité puissent régler sur une compréhension po-
sitive une conduite rationnelle de leur vie. Les premiers chrétiens, pour leur foi, se faisaient égorger dans
le cirque. Les apôtres de la liberté de penser marchaient
d'un pas ferme aux bûchers. On n'en demande pas tant,
aujourd'hui, de nos libres-penseurs. Qu'ils agissent
simplement comme ils pensent, qu'ils osent affronter
le préjugé social jusque dans leur famille, à l'exemple
des premiers qui répudièrent les dieux de l'Olympe
pour la foi nouvelle. Il n'en faut pas davantage. Si cette
foi n'avait changé que les discours, l'Eglise ne serait
pas née, l'Eglise n'aurait pas pu vivre.

Des paroles, des écrits, nous en avons outre mesure.
Le talent de penser et de dire n'est pas ce qui nous
fait défaut. C'est d'actes que nous avons besoin pour la
leçon de caractère. L'homme capable d'agir a la satis-

faction suprême d'avoir donné tout son effort. Il est au-dessus des futiles récompenses humaines. Il est supérieur à la victoire elle-même. L'autre s'arrête à moitié chemin et ne peut manquer d'en souffrir. Beaucoup qui ne sont pas sans fautes prennent plaisir à lui jeter la pierre. J'aime mieux lui crier courage ?

IV

L'ÉCOLE ET LA LIBERTÉ [1]

Je remercie mon très distingué confrère Pierre et Paul d'avoir bien voulu, par son amicale critique, me fournir l'occasion de préciser ma pensée sur la conciliation tant cherchée des droits du père et des droits de l'enfant en matière d'enseignement. Je ne dispose ici du temps ni de la place nécessaire pour répondre à toutes les objections qui me sont venues de droite et de gauche. Beaucoup de républicains, cédant aux tentations de la politique autoritaire, comme il arrive à tous les partis au pouvoir, ont pour simple vue gouvernementale de supprimer l'adversaire. Or l'expérience nous enseigne qu'on en peut arriver là, non en l'empêchant de parler, mais en ruinant sa doctrine par une doctrine meilleure. Et, pour que ce phénomène s'accomplisse je ne connais qu'un moyen : le libre conflit des idées. Pierre et Paul me paraît absolument d'accord avec moi là-dessus. Il ne fait des réserves qu'en ce qui concerne l'enfant de l'école primaire.

Avant d'aborder ce point, par lui très nettement précisé, je dois faire remarquer que la droite ayant souligné, par tactique, mes déclarations en faveur de la liberté, il en résulte que beaucoup de républicains ont perdu de vue que la pleine liberté de l'école ne pouvait résulter, dans ma pensée, que de la *suppression antérieure des congrégations,* instruments destructeurs du droit individuel où se fonde tout organisme de liberté.

---

1. Cet article a paru dans *la Dépêche,* de Toulouse, n° du 17 nov. 1902.

La plupart des républicains qui prennent position contre la liberté de l'enseignement se voient comme contraints de le faire par l'erreur initiale qu'ils commettent en supposant maintenus les ordres monastiques abolis par les lois de 1790 et de 1792 qui sont toujours en vigueur. Il est clair que M. Buisson ne se donnerait pas tant de mal pour déclarer que le métier de moine doit être incompatible avec le métier d'enseigneur, s'il considérait d'abord que la congrégation, instrument de l'autorité théocratique du moyen âge, ne peut survivre à la liberté.

Si j'insiste, c'est que là me paraît être le point de départ initial du malentendu entre républicains laïcisateurs. M. Béraud, sénateur, qui veut *restreindre* (oh, combien !) la liberté de l'enseignement supérieur, ne disait-il pas l'autre jour : « Il ne faut pas confondre la liberté d'enseigner avec la liberté des congrégations. Nous voulons la liberté, toute la liberté, mais la liberté dans la laïcité ». Voilà qui va le mieux du monde. Mais alors, pourquoi s'en prendre à la liberté d'enseignement — à la liberté de l'enseignement supérieur qui met en cause des hommes de vingt ans — et non aux congrégations qui sont dès aujourd'hui condamnées ? C'est proprement ce que l'on appelle mettre la charrue avant les bœufs.

J'aurai occasion de revenir là-dessus quand nous discuterons les demandes en autorisation formulées par les moines sur l'invitation de M. Waldeck-Rousseau. On verra que la loi, dont j'ai montré la faiblesse dès le premier jour, aboutit à faire beaucoup de bruit pour un résultat nul. Il s'agit, en ce moment, des mesures ultérieures qui sont en vue, et je trouve aujourd'hui devant moi la proposition de Pierre et Paul qui demande l'abolition de l'école confessionnelle privée, *même tenue par des laïques*. En examinant cette question, je répondrai ainsi à d'autres articles, parallèles à celui de Pierre et

Paul, notamment à une très bienveillante critique de mon excellent confrère de la *Dépêche*, M. Henry Bérenger, que je rencontre dans le journal *La Raison*, à l'avant-garde de la Libre-Pensée. M. Bérenger se plaint que je veuille appliquer « la méthode de la raison adulte au cerveau de l'enfant ». Et Pierre et Paul estime que je n'arrive à ce résultat qu'en donnant une extension abusive à l'autorité paternelle aux dépens de la liberté de l'enfant. C'est à cela qu'il faut répondre.

A mon sens la divergence entre nous me semble provenir de ce que mes contradicteurs s'arrêtent à une conception purement métaphysique de la « liberté de l'enfant ». Cette liberté, je la revendique autant que tout autre, mais je n'y vois pas une entité irréductible, à la manière des scolastiques, une liberté qu'il faut faire absolue ou rejeter hors du débat. L'enfant, comme je l'ai dit, vient au monde par suite d'une première violence faite à sa liberté d'être ou de n'être pas, et il s'ensuit, à son égard, une série d'autres contraintes — constituant son éducation physique et morale — dont le résultat sera de lui procurer plus tard une gymnastique du corps, une discipline de l'esprit, d'où sortira quelque jour une liberté de ses membres et de son intelligence, dans une harmonie de gestes et de pensée.

N'oubliez pas surtout que parmi les effroyables contraintes qui pèsent sur ce nouveau-né, celle d'une hérédité, qu'il doit subir dans toute sa rigueur, se trouve accrue du poids énorme du milieu d'atavisme social qui, avant qu'il ait balbutié ses premières sensations, lui crée, de la masse formidable des préjugés subsistants du passé, une atmosphère d'universelle contrainte. Ainsi s'explique trop aisément la désespérante lenteur de l'évolution humaine, même quand la raison se trouve armée par la science des plus puissants moyens de propagande. Voilà cet homme en devenir, vagissant dans ses langes, qui, laissé à sa propre liberté, ne survivrait pas un seul jour. Une hérédité individuelle inconnue le tient dans ses liens de fer. Une hérédité sociale environnante l'accable dès le premier jour, alors que le père, par un acte de contrainte que Pierre et Paul ne propose pas de supprimer, prend parti pour lui — en le présentant au temple — sur des matières touchant lesquelles toute l'humanité est en désaccord.

Et maintenant la question se présente de savoir comment on fera la liberté, non de l'enfant (elle ne saurait exister encore) mais de l'homme futur. Le droit actuel de l'enfant, c'est le droit à la vie, le droit à l'évolution physiologique et psychologique qui, par les chemins de l'éducation, le conduira laborieusement à la pleine dignité d'homme, au rang d'*homo sapiens* dans la classification des êtres. Or la « liberté » de l'enfant, au sens scolastique du mot, compte pour si peu de chose en cette affaire, que toute l'éducation n'est que d'universelle contrainte. Pour ne citer que le fait initial, où est la liberté de l'enfant quand on l'envoie à l'école malgré lui ? Comprenez donc qu'on se trouve en présence non d'une liberté, mais d'un droit à la liberté future. Comment fera-t-on cette liberté de l'avenir ? Par nul autre moyen, selon moi, qu'une discipline de liberté, c'est-à-dire par une savante contrainte qui organisera, pour le corps, le développement du maximum d'énergie musculaire, pour l'esprit, la production du maximum de puissance. Gymnastique des muscles, gymnastique du cerveau, il faut scientifiquement que la loi soit la même, et cette loi ne peut être qu'une éducation de liberté. Pierre et Paul l'admet pour l'enseignement secondaire et l'enseignement supérieur. Il ne l'admet pas pour l'enseignement primaire. La contradiction n'est-elle pas choquante ? Comment admettre deux principes opposés dans l'éducation ? Comment passera-t-on de l'un à l'autre ? Comment après avoir préparé l'intellectualité de l'enfant hors de la liberté, lui ouvrira-t-on tout à coup les portes du redoutable domaine ? Je me borne à poser l'insoluble problème.

Aulard, ici même, il n'y a pas longtemps, déclarait avec grande raison que le père n'a pas plus le droit d'estropier son enfant que d'en faire un infirme mentalement, et c'est ce qui condamne l'Eglise qui n'a jamais réclamé la liberté que comme un privilège et qui a cherché de tout temps à obstruer les voies de la connaissance vers la pleine lumière. A-t-elle réussi ? Non, puisque tout l'effort de son monopole a abouti, notamment au XVIe et au XVIIIe siècles, à enfanter une magnifique floraison de révolutionnaires. Peut-on craindre aujourd'hui, quand nous avons ouvert toutes les voies de la liberté, qu'elle réussisse davantage ? Ce serait à la fois totalement méconnaître le sens de l'évolution intellectuelle de l'homme et faire bien peu de confiance à la raison que la loi fondamentale de la société moderne est de prendre pour arbitre. L'Eglise n'a pas réussi à immobiliser l'esprit dans l'infirmité de la connaissance. Mais nous, ne ferions-nous pas comme elle, si, pour constituer « l'homme libre », nous prétendions soustraire d'abord à l'esprit de l'enfant quoi que ce soit des idées ambiantes. Pour éviter une « infirmité », nous créerions une infirmité contraire : voilà toute la différence. Pour rectifier l'esprit, nous le fausserions d'autorité en un autre sens, c'est-à-dire qu'il n'y aurait rien de gagné pour la liberté.

Qu'est-ce donc, je le demande, qu'on veut soustraire, à la connaissance de l'enfant en éliminant de la façon du Maître — par la non-liberté de l'enseignement — un ensemble de notions déterminées ? C'est là le fond de la question, et je prie qu'on veuille bien y répondre. Apparemment il s'agit de la conception théocratique du monde, telle que la fournit l'Eglise. Mais quoi ! cette conception est partout autour de nous dans la société présente. L'enfant la trouvera à son foyer (on n'ira pas jusqu'à proposer, je pense, de l'enlever à sa famille, dans la conversation de ses camarades (on ne lui défendra pas de causer), dans les spectacles de la rue (on ne lui interdira pas d'ouvrir les yeux devant les églises), dans les livres de l'école laïque elle-même que M. Bayet, fonctionnaire du ministère « impie » de M. Combes, interdit quand ils sont trop manifestement dégagés de l'esprit de Rome, dans la pratique enfin des plus brillants de nos monopoleurs qui (à raison de 99 sur 100), lorsqu'ils ont sacrifié à la laïcité par l'envoi de leurs fils au collège, s'empressent de donner sa revanche au « bon abbé », lequel en vue de la première communion et de ses conséquences, leur enseignera, à titre de connaissances supérieures, toutes les matières que ces mêmes monopoleurs veulent éliminer, *pour les autres*, des écoles confessionnelles privées.

La théocratie nous enveloppe encore, on lui livre l'enfant à l'Eglise, et l'on peut croire qu'à l'école, pour se mettre en garde contre elle, il faut l'écarter autoritairement du jeune esprit qui la retrouvera maîtresse, de l'autre côté de la rue, dans le plus somptueux bâtiment de la cité ? Non. Cela ressemble trop à la pédagogie de l'autruche qui demande à l'autorité du sable où elle enfonce sa tête le moyen de se préserver de la dangereuse liberté de voir ce qui l'épouvante. La lumière, toute la lumière, le conflit, tout le libre conflit d'erreurs et de vérités, tel fut de tous temps le programme du parti républicain. Cette idée l'a porté au plus haut, à mesure que s'effondraient tous les partis d'oppression autoritaire. S'il était vaincu demain, un seul cri jaillirait de ses profondeurs : « La Liberté, toute la Liberté ». Vainqueur, il n'a pas le droit de se renier lui-même. Pour refouler la théocratie, surgissant aux cerveaux simplistes du jeune âge qui revivent fatalement toute l'évolution de l'homme historique, acceptons bravement le beau combat de la connaissance humaine, et au lieu de nous conduire en catholiques retournés, ouvrons largement toutes les avenues de l'esprit, même celles où l'humanité a passé et où elle a trouvé, avec une civilisation provisoire, un point d'appui pour s'élever à une civilisation meilleure. Point de barrière. Point de portes fermées. Dans cette audace est la gloire, la force du gouvernement républicain.

Et d'ailleurs où serait l'avantage, quand ce que vous refuserez à l'école confessionnelle d'enseigner, le foyer familial, l'Eglise l'enseigneront avec d'autant plus d'énergie que l'idée paraîtra persécutée. Pierre et Paul me dit qu'il ne cherche pas, lui, à « se prolonger » dans ses enfants. Il faut bien que je l'en croie. Mais s'il veut bien regarder autour de lui, il découvrira sans peine qu'il a fort peu d'imitateurs. Tout homme qui vit pour quelque chose cherche à « passer le flambeau » à sa descendance. C'est une de mes joies de penser quelquefois que je laboure dans le sillon où laboura mon père, et si mon fils s'était fait jésuite, j'en aurais conçu une extrême douleur, songeant que, *par mon fait*, le peu d'action libératrice que j'ai pu produire de mon vivant aurait été détruit, ou tout au moins contrecarré après ma mort. Ce ne serait rien de moins que l'anéantissement de tout ce qui fait, à mes yeux, la beauté sociale de la vie. Et si j'attache un tel prix à cet effort, comment pourrais-je refuser à autrui les chances de la même tentative ? Non. Je m'y refuse d'une suprême énergie, car je sens, car je sais que dans la liberté la vérité trouvera sa voie.

Pour combattre la théocratie, la politique d'autorité ne peut être efficace, n'ayant de fondement qu'en l'esprit de l'homme changeant. A la liberté des recherches, à la science dépouillée de toutes entraves, de procurer la conception du monde qui seule fera crouler l'établissement théocratique et s'installera triomphalement sur ses ruines. Cette conception du monde, l'éducation scientifique seule pourra la fournir, et notre décisif avantage est que, pour le succès d'une vie de labeur, la théocratie se voit obligée de propager elle-même, en maugréant, la science qu'elle maudit et qui la tue. Sans doute, elle l'enseignera de mauvaise grâce, sans doute, elle essayera de ruiner d'avance par ses misérables sophismes les conclusions qui en sont tout ou tard l'aboutissant inévitable. Malgré tout, ne doutez pas du triomphe de la raison. La méthode scientifique implantée dans l'intelligence y doit fructifier, quoi qu'on tente pour stériliser la généreuse semence. Confiance ! vous dis-je. Au sillon de l'esprit le germe du savoir ne peut pas périr.

Et votre « laïque », d'ailleurs, qui donc ignore qu'elle ne fait pas beaucoup moins d'efforts pour fausser l'esprit de l'enfant que l'école confessionnelle elle-même, puisqu'elle a gardé toutes les conclusions théologiques de l'ancien enseignement, puisqu'elle se cantonne encore dans l'antique méthode subjective ; puisque, lorsqu'elle réussit enfin à rester neutre, nulle autre conception de lui-même et de l'univers ne s'offre à l'esprit de l'enfant que celle qui lui est fournie — à titre d'enseignement complémentaire supérieur — par le catéchisme de l'Eglise ? Révolutionnez-moi tout cela d'abord. C'est là qu'il faut porter l'outil de réforme premièrement. Au lieu de *métaphysiquer* l'enfant, faites qu'il s'objective. Qu'il apprenne avant tout à se situer dans le monde. Dites-lui l'histoire de la pierre qu'il foule de son sabot sur les chemins et faites-en sortir toute l'évolution planétaire, en plaçant à son rang notre soleil et son cortège d'astres dans les champs constellés de l'infini A grands traits, en des causeries familières où le maître doit se plaire à provoquer toutes les questions, présentez-lui le tableau des conclusions générales de la science, comme le bon guide montre au voyageur perdu les lumières de l'horizon où s'attache l'espérance, et vous verrez si vos paroles n'éveillent pas plus d'intérêt que la règle du participe passé ou « l'histoire » de Clodion-le-Chevelu. Laissez faire l'esprit. Vous aurez développé en lui une soif inextinguible de connaître. Et par l'individu lui-même, de son propre effort, mieux que de vous par l'autorité, la libération se fera, la libération définitive sans les retours de lassitude qui suivent l'affranchissement hâtif du fait d'autrui. Sans doute il arrivera que l'esprit faiblisse et trébuche parfois au cours du long chemin, comme c'est le cas inévitable dans l'apprentissage musculaire. Vos lisières, pensez-vous, le garderaient de l'accident. Il se peut pour un jour, mais ce faible avantage serait payé trop cher de la perte de cette indépendance, de cette accoutumance de liberté, qui fait la valeur de l'homme et le prix de son effort [1].

1. J'extrais le passage suivant d'un article publié sous ma signature dans *la Dépêche* du 2 décembre 1902 :

« Tandis que l'école officielle installera sa liberté particulière dans le domaine d'un dogme scientifique déterminé, auquel le Chaumié de ce temps aura donné son paraphe et sa patente, des audacieux, s'affranchissant de la prétendue neutralité scolaire, pourront concevoir, concevront certainement l'heureuse pensée d'exposer hardiment aux élèves — surtout à ceux qui ne doivent pas recevoir l'enseignement supérieur — les conclusions générales auxquelles conduit l'induction scientifique basée sur l'observation et sur l'expérience. Ceux-là sentiront le besoin d'ouvrir une école, car ils auront des paroles à faire entendre devant lesquelles l'école officielle reculera, effarouchée. Ceux-là, qui offriront sans peur le catéchisme intégral de la science, et, n'ayant point d'attache gouvernementale, pourront tout dire sans réticences, ceux-là qui seront les plus redoutables adversaires de l'école confessionnelle, opposant nettement une conception d'ensemble à une autre (tous les résultats de la connaissance à toutes les hypothèses de la croyance), ceux-là, qui seront les meilleurs agents du progrès dans les jeunes esprits, ceux-là, qui, aux premiers rangs de la pensée libre, constitueront la généreuse avant-garde de la laïcité, se verront refuser la liberté d'enseigner dans l'ordre primaire et dans l'ordre secondaire, domaine de l'immense majorité des citoyens. Ainsi ceux qui pensent librement payeront de leur liberté le bas plaisir de voir supprimer la liberté des autres, et le premier effet du monopole sera de se retourner contre l'idée même que les républicains se font gloire de servir.

« Cela ne suffit-il pas à juger la question ? Et mon contradicteur ami ne voit-il pas qu'aussitôt que les citoyens de la République française auront pris conscience de leur droit intégral à la liberté, leur premier soin sera de rompre les entraves par le moyen desquelles il lui aura paru bon d'assagir leur pensée ? On n'affranchit pas à demi les intelligences. Un lien rompu, tous les autres doivent sauter. »

Et si ce n'est pas assez vous convaincre que l'apprentissage de la liberté ne peut se faire que par la liberté, si vous ne considérez pas, comme moi, qu'il faut prendre d'aussi sérieuses garanties contre la tyrannie de l'Etat que contre l'abus d'autorité du père, je vous recommande une dernière considération qui devrait calmer les alarmes que vous donne la liberté. Ce n'est pas la doctrine, comme on paraît le croire, qui fait aujourd'hui la force de l'Eglise, car les croyances sont mortes dans les esprits ouverts. Le péril qui vient, pour la société moderne, de l'établissement théocratique romain, gît avant tout dans les intérêts sociaux groupés autour de l'Eglise pour la commune défense. Ne vous arrêtez pas aux apparences, pénétrez jusqu'au cœur de la réalité et vous reconnaîtrez sans peine que ce n'est pas du tout par ardeur pour le dogme que notre grande et notre petite bourgeoisie envoie ses enfants aux couvents, et que tant de libres penseurs qui réclament le monopole de l'enseignement conduisent leur fiancée à l'autel, et confient leur progéniture, pour la première communion, à ce même enseignement ecclésiastique qu'ils veulent si ardemment détruire. Non. On envoie tout simplement son fils ou sa fille au couvent, dans un intérêt de classe, en vue du « beau mariage », ou de la « belle situation » acquise plus tard par l'influence des « bons Pères » qui aiment à suivre leurs protégés dans la vie, y trouvant eux-mêmes de merveilleux avantages. Le mariage religieux, la première communion des enfants, dans les familles de libres penseurs, ne sont également déterminés que par des considérations d'ordre social. Celui-ci craint d'être mal noté, de perdre sa place, ou de manquer l'avancement. Cet autre ne veut pas « déclasser » son enfant, diminuer ses chances d'avenir, etc., etc. Rien pour la religion, tout pour l'intérêt en cette affaire. Quand le père serait enclin à faire bon marché de l'intérêt, c'est la femme qui se voit entraînée par l'amour maternel à vouloir maintenir son enfant dans le cadre des opinions *reçues*. L'homme cède « pour avoir la paix dans son ménage », après quoi il continue sa propagande *au dehors* pour supprimer « la paix » dans le ménage des autres.

Eh bien, je le demande, toute considération de théorie à part, qu'est-ce qui sera le plus efficace pour changer cet état de choses, l'abolition déjà légale (au nom de la liberté même) des ordres monastiques, ou la suppression de la liberté de l'enseignement primaire ?[1].

1. N'est-il pas curieux que certains républicains se préoccupent surtout de restreindre la « liberté » actuelle de l'enseignement primaire, même dans le cas où l'on aurait fait disparaître les privilèges de l'Eglise romaine attentatoires à la liberté, alors que, les congrégations subsistant encore, c'est l'école primaire qui fournit, à cette heure, dans les collèges électoraux toutes nos majorités républicaines ? (*Note de l'auteur.*)

TABLE

Composé et tiré par des ouvriers syndiqués.

IMPRIMERIE DE CHOISY-LE-ROI

www.ingramcontent.com/pod-product-compliance
Ingram Content Group UK Ltd.
Pitfield, Milton Keynes, MK11 3LW, UK
UKHW022258120726
13694UKWH00003B/1111